深度贫困地区
林业生态扶贫政策研究
以云南怒江、四川阿坝为例

奉钦亮 王亚明 马龙波 ◎ 著

中国社会科学出版社

图书在版编目（CIP）数据

深度贫困地区林业生态扶贫政策研究：以云南怒江、四川阿坝为例/奉钦亮，王亚明，马龙波著．—北京：中国社会科学出版社，2020.8

ISBN 978-7-5203-6975-6

Ⅰ.①深… Ⅱ.①奉…②王…③马… Ⅲ.①林业经济—生态型—扶贫—经济政策—研究—云南 Ⅳ.①F326.277.4

中国版本图书馆 CIP 数据核字（2020）第145637号

出 版 人	赵剑英	
责任编辑	戴玉龙	
责任校对	王洪强	
责任印制	王 超	

出　　版	中国社会科学出版社	
社　　址	北京鼓楼西大街甲158号	
邮　　编	100720	
网　　址	http://www.csspw.cn	
发 行 部	010-84083685	
门 市 部	010-84029450	
经　　销	新华书店及其他书店	

印　　刷	北京明恒达印务有限公司
装　　订	廊坊市广阳区广增装订厂
版　　次	2020年8月第1版
印　　次	2020年8月第1次印刷

开　　本	710×1000　1/16
印　　张	12.75
插　　页	2
字　　数	181千字
定　　价	89.00元

凡购买中国社会科学出版社图书，如有质量问题请与本社营销中心联系调换
电话：010-84083683
版权所有　侵权必究

摘　　要

"小康不小康，关键看老乡""小康全面不全面，生态环境质量很关键"。在习近平总书记关于扶贫工作的重要论述中，对我国现实社会中的连片特困地区的扶贫、脱贫以及脱贫效果巩固和构建扶贫脱贫长效机制等重大理论和实践问题，提出了精准扶贫精准脱贫基本方略，明确"两不愁三保障"的脱贫标准和"五个一批"的脱贫路径。在"三区三州"等我国深度贫困地区，大都存在生态脆弱与生产落后高度重合、生态治理与脱贫攻坚任务相互叠加的问题，土地荒漠化、石漠化是多数贫困县共同面临的突出问题。特别是"三区三州"，其是我国扶贫脱贫路上的坚中之坚，是攻坚克难、攻城拔寨的"寨子"。为此，国务院扶贫办协同国家林业和草原局聚焦"三区三州"，出台并实施了脱贫攻坚与生态建设实现互补、相得益彰的林业生态扶贫脱贫政策与措施。

为了评价"三区三州"林业生态扶贫政策执行效果，课题组接受任务后，基于大量阅读文献和政策文件基础上确定了研究思路，继而结合前人研究成果设置并反复多次商讨后形成调查问卷。于2019年3月和7月分别到云南省怒江傈僳族自治州和四川省阿坝藏族羌族自治州开展调研工作，而后着手整理分析资料并形成调研报告。

为了推进林业生态扶贫脱贫，在国务院扶贫办于国家林业和草原局大力支持下，云南省怒江傈僳族自治州制定了《泸水市深度贫困地区林业生态脱贫攻坚实施方案》等多项林业生态扶贫政策文件，并开展了发展新型造林主体、实施生态保护与修复工程、开展

"怒江花谷"生态建设、发展生态型林业产业、开展驻村结对帮扶活动等措施推动落实林业生态扶贫脱贫工程；阿坝藏族羌族自治州制定了《阿坝州打赢打好三年脱贫攻坚战实施方案》等多项政策文件，并开展了森林生态资源保护与治理、开展草原生态资源保护、加大湿地生态资源保护、加大沙化土地治理修复等脱贫攻坚的林业生态工程以及发展林业生态旅游等措施。

调研结果发现，约有84.62%的受访建档立卡贫困户对政府发展林业产业感到满意。建档立卡贫困户家庭人数多数为4~5人，部分家庭人口数达到6~8人；较多的受访建档立卡贫困户家庭林地面积在20亩以下，其中约有44.00%的受访建档立卡贫困户拥有10亩以下的公益林林地面积，另有74.14%的受访建档立卡贫困户没有商品林，且只有9.40%的受访建档立卡贫困户家庭拥有商品近熟林且大部分商品林远离村庄或公路；约有85.47%的受访建档立卡贫困户家庭没有在公益林下发展林下经济。多数受访建档立卡贫困户家庭中有林业收入且近三年林业收入在12000元年以下。参加林业生态工程但未取得补偿收入的受访建档立卡贫困户所占比重为45.3%；另有54.7%的受访建档立卡贫困户取得公益林补偿收入且多数的公益林补偿收入为400元/年以下；约有61.54%的受访建档立卡贫困户通过参加退耕还林生态工程而取得生态补偿收入且多数人取得退耕还林生态补偿收入在2500元/年以下；只有24.79%的受访建档立卡贫困户参与天保工程取得生态补偿收入且其生态补偿收入少于10000元/年。

调研还发现，怒江州和阿坝州采取了种植经济林木（花椒、核桃、果树等）、提供生态公益性岗位（护林员、护河员等）、提供小额林业贷款给贫困户等林业生态扶贫的方式支持贫困户发展相关产业或渡过临时难关。为了更好帮助贫困户脱贫，政府还为每个村庄配备了扶贫帮扶工作队，帮助村庄及贫苦户解决扶贫脱贫过程中碰到的问题。研究结果显示，四种扶贫方式（产业、就业、小额信贷、驻村帮扶）取得的效果较好，明显促进了建档立卡贫困户的家庭增收，并且"两不愁三保障"的问题基本解决，基本不存在吃不饱与穿不暖的情况，住房保障基本通过危房改造与异地搬迁的形式进行解决，教育保障基本在高中及以下实行的义务教育，且学生享受免书本费与营养餐的待遇，医疗保障是在原来90%报销比例的基础上再上浮5%，如此扶贫方式已基本解决了贫困户的后顾之忧。此外，通过林业生态扶贫工作，村庄生态环境逐步变好，交通出行条件、电力设施、通信设施、饮水设施和文体设施等村庄发展基础设施得到改善，乡村自治更为有效。但是致贫原因是千差万别的，不同的贫困户对扶持项目和扶持方式的需求大不相同。

运用层次分析法和综合指数法，结合调研整理资料，对林业生态扶贫政策实施效果进行评价可以得出2019年度的怒江傈僳族自治州和阿坝藏族羌族自治州林业生态扶贫政策指数为0.8657，依据评判标准，属于良好区间，说明在怒江傈僳族自治州和阿坝藏族羌族自治州实施林业生态扶贫政策实施效果总体上良好。但是仍然存在产业结构单一、贫困户就业和自主创业意愿低等问题。

为在2020年实现全员脱贫以及精准扶贫的有效性和可持续性，需要根据贫困户实际情况因户、因人制宜地精准制定林业生态扶贫脱贫方案和措施，并从主攻深贫地区和特困群体、深化基本公共服务减贫功能、恰如其分地选择林业扶贫模式、科学选聘驻村科技工作者、拓宽林业生态扶贫资金渠道、破解村集体经济发展困境、构建扶贫脱贫产业体系、完善生态环境保护机制、建立脱贫户防范返贫机制等角度构建林业生态扶贫长效机制。

目 录

一 导论 ·· 1

（一）研究背景 ·· 1
    1. 领导对林业生态扶贫高度重视 ······························· 2
    2. 林业生态扶贫政策体系逐渐建立 ··························· 4
    3. 林业生态扶贫多方联合行动 ·································· 6
    4. 用生态扶贫方式增加贫困户收入 ··························· 8

（二）研究设计 ·· 9
    1. 研究思路 ·· 9
    2. 问卷设计 ·· 10
    3. 研究方法 ·· 13

（三）研究过程 ·· 14
    1. 问卷调查 ·· 14
    2. 数据整理 ·· 15
    3. 样本有效性 ··· 16

二 研究基础 ··· 17

（一）概念界定 ·· 17
    1. 扶贫 ·· 17
    2. 生态扶贫 ·· 18
    3. 林业生态扶贫 ·· 19

（二）理论基础 ·· 21

         1. 公共政策理论 ………………………………………… 21
         2. 生态扶贫理论 ………………………………………… 22
         3. 系统科学理论 ………………………………………… 23
         4. 生态经济理论 ………………………………………… 24
      （三）研究进展 ……………………………………………… 25
         1. 国外研究进展 ………………………………………… 25
         2. 国内研究进展 ………………………………………… 27
         3. 研究评述 ……………………………………………… 31

三 样本地现状与样本描述性统计分析 ……………………………… 33
   （一）怒江傈僳族自治州林业生态扶贫现状 ……………………… 33
         1. 基本概述 ……………………………………………… 33
         2. 主要做法 ……………………………………………… 35
   （二）阿坝藏族羌族自治州林业生态扶贫现状 …………………… 38
         1. 基本概述 ……………………………………………… 38
         2. 主要做法 ……………………………………………… 40
   （三）样本家庭描述性统计分析 …………………………………… 42
         1. 家庭户主基本信息 …………………………………… 42
         2. 家庭基本情况分析 …………………………………… 44
         3. 家庭林业基本特征 …………………………………… 49

四 林业生态扶贫模式对比分析 ……………………………………… 61
   （一）产业扶贫 ……………………………………………………… 61
         1. 政策措施 ……………………………………………… 62
         2. 发展路径 ……………………………………………… 64
         3. 扶贫效果 ……………………………………………… 72
   （二）就业扶贫 ……………………………………………………… 73
         1. 政策措施 ……………………………………………… 73
         2. 发展路径 ……………………………………………… 75

  3. 扶贫效果 …… 78
 （三）小额信贷扶贫 …… 79
  1. 政策措施 …… 79
  2. 发展路径 …… 82
  3. 扶贫效果 …… 88
 （四）驻村帮扶 …… 90
  1. 政策措施 …… 90
  2. 发展路径 …… 92
  3. 扶贫效果 …… 99
 （五）研究结论 …… 100

五 林业生态扶贫效果综合评价 …… 103

 （一）"两不愁三保障"分析 …… 103
  1. "两不愁"分析 …… 103
  2. "三保障"分析 …… 107
  3. 研究结论 …… 111
 （二）林业生态扶贫贫困户满意度评价 …… 112
  1. 指标体系构建 …… 112
  2. 指标权重确定 …… 114
  3. 评价指标程度 …… 115
  4. 模糊综合评价 …… 119
  5. 研究结论 …… 124
 （三）林业生态扶贫对村庄发展的影响 …… 125
  1. 村庄环境条件 …… 125
  2. 村庄基础设施 …… 125
  3. 村庄教育医疗 …… 127
  4. 村委自治情况 …… 128
  5. 村庄整体评价 …… 128
 （四）研究结论 …… 129

六 林业生态扶贫政策评价研究 …………………………… 131

（一）评价指标选取的原则 …………………………………… 131
1. 相关性原则 ……………………………………………… 131
2. 重要性原则 ……………………………………………… 132
3. 系统性原则 ……………………………………………… 132

（二）评价指标标准值的选取 ………………………………… 132
1. 评价指标标准值的基本要求 …………………………… 132
2. 评价指标标准的来源 …………………………………… 132
3. 评价指标值量纲化的步骤 ……………………………… 133

（三）林业生态扶贫、脱贫政策综合评价分析 ……………… 134
1. 指标体系的构建 ………………………………………… 134
2. 指标值的量纲化 ………………………………………… 134
3. 指标权重的确定 ………………………………………… 138
4. 综合评价与等级确认 …………………………………… 145

（四）林业生态扶贫政策子系统评价分析 …………………… 147
1. 政策制定 ………………………………………………… 147
2. 政策实施 ………………………………………………… 149
3. 政策保障 ………………………………………………… 150
4. 政策效果 ………………………………………………… 151

（五）研究结论 ………………………………………………… 153

七 构建林业生态扶贫、脱贫长效机制的政策建议 ………… 154

（一）主攻深贫地区和特困群体 ……………………………… 155
（二）深化基本公共服务减贫功能 …………………………… 155
（三）恰如其分选择林业扶贫模式 …………………………… 156
（四）科学选聘驻村科技工作者 ……………………………… 158
（五）拓宽林业生态扶贫资金渠道 …………………………… 159
（六）破解村集体经济发展困境 ……………………………… 160

（七）构建扶贫脱贫产业体系 …………………………… 161
（八）完善生态环境保护机制 …………………………… 162
（九）建立脱贫户防范返贫机制 ………………………… 162

附件：脱贫长效机制调研组的云南怒江州调研手记 ………… 164

（一）走进福贡县匹河怒族乡 …………………………… 164
（二）走进福贡县架科底乡 ……………………………… 168
（三）走进泸水市古登乡 ………………………………… 170
（四）走进泸水市片马镇 ………………………………… 173
（五）走进兰坪县兔峨乡 ………………………………… 178
（六）走进兰坪县中排乡 ………………………………… 184
（七）走进兰坪县啦井镇 ………………………………… 187

一 导论

(一) 研究背景

自中华人民共和国成立以来,党和国家政府不仅高度重视各项减贫扶贫事务,并且出台并实施了一系列中长期减贫扶贫攻坚规划,从救济式扶贫到开发式扶贫再到精准扶贫,不断探索并总结出了符合中国国情的农村扶贫脱贫道路,为全面建成小康社会奠定了坚实基础。特别是党的十八大以来,以习近平同志为核心的党中央把扶贫开发工作纳入"五位一体"总体布局和"四个全面"战略布局,全面打响了脱贫攻坚战。党的十九大以来,实施脱贫攻坚、建设美丽中国成为全面建成小康社会的重要任务,2019年中央一号文件又一次提出要决战决胜脱贫攻坚,争取在2020年完成扶贫的目标。

在扶贫脱贫进程中,林业生态扶贫是我国扶贫脱贫工作的重要组成部分,其将林业强大的就业与增收功能不断延伸,林业发展对于扶贫工作发挥了极其重要的作用,不仅帮助贫困地区改善生态环境与基础设施,而且发挥了经济与社会效益。根据国家林业局第九次清查数据显示,我国的森林覆盖率为21.63%,森林资源面积为2.077亿公顷,林地面积为3.126亿公顷,森林蓄积为151.37亿立方米,活立木蓄积为164.33亿立方米[①],林业的高速发展必然对林

---

① 国家林业局第九次林业清查数据。

业生态扶贫发挥越来越重要的作用。但截至2018年底，我国农村仍存在1660万贫困人口，约400个贫困县，近3万个贫困村，数量上仍不占少数。而"三区三州"深度贫困地区区域性整体贫困问题尤为突出，该区域山高谷深，森林纵横，恶劣的自然环境更是加重了其贫困程度，对点扶贫迫在眉睫，逐步探索出一条可持续的、长效的扶贫机制尤为重要。

1. 领导对林业生态扶贫高度重视

为了充分发挥林业和生态资源优势，让林业更加充分参与扶贫脱贫攻坚战，习近平总书记明确指出：许多贫困地区一说穷，就说穷在了山高沟深偏远；其实，这些地方要想富，恰恰要在山水上做文章。他认为，生态补偿扶贫是双赢之策，让有劳动能力的贫困人口实现生态就业，既加强生态环境建设，又增加贫困人口就业收入。大多生态脆弱的贫困地区，通过大力发展森林旅游、森林康养、沙漠旅游、沙区体育等，找到了一条建设生态文明和发展经济相得益彰的脱贫致富路子。为了丰富和贯彻林业生态扶贫思想，在中央扶贫开发工作会议上，习近平总书记进一步明确：在生存环境条件较差、生态系统相对脆弱且需要加强生态保护与修复的地区，可以基于加强生态环境保护与修复的基础上，探索出一条既可生态环境保护又可实现贫困户脱贫的新路子。通过将仍有一定劳动能力的贫困人口就地转成护路、护林、护河等生态保护人员，并将整合部分生态补偿和生态保护工程资金作为他们保护生态的劳动报酬。

同时，习近平总书记心系深度贫困地区扶贫脱贫工作，并在2019年4月22日召开的中央财经委员会第四次会议上语重心长地提出，要在科学评估进展状况的基础上，对全面建成小康社会存在的突出短板和必须完成的硬任务进行认真梳理，主要是老弱病残贫困人口、深度贫困地区等方面短板明显，要切实加大工作力度。要全面完成脱贫攻坚任务，把扶贫工作重心向深度贫困地区聚焦，在普遍实现"两不愁"的基础上，重点攻克"三保障"面临的最后堡垒①。为了防止返贫现象出现，习近平总书记还要求探索建立稳定脱贫长效机制，强化产业扶贫，组织消费扶贫，加大培训力度，促进转移就业，让贫困群众有稳定的工作岗位。要做好易地扶贫搬迁后续帮扶。要加强扶贫同扶志、扶智相结合，让脱贫具有可持续的内生动力。此外，国务院总理李克强也时刻关心深度扶贫脱贫工作，并在2019年2月11日主持召开国务院常务会议上指出，今年要加力推进深度贫困地区攻坚，追加的中央财政转移扶贫专项资金主要用于这些深度贫困地区，支持和发展这些深度贫困地区补短板项目，提高对贫困户的扶贫质量，解决深度贫困地区贫困人口的"两不愁三保障"问题。攻坚期内已经脱贫"摘帽"的县（市、区）和脱贫人口仍将继续享受各级政府出台的扶贫脱贫政策，加强返贫和新出现贫困人口及时帮扶，确保今年再减贫1000万人以上。

为了贯彻习近平总书记对林业生态扶贫工作的重要指示，加快部署林业生态扶贫脱贫工作，国家林业和草原局局长张建龙多次做出重要批示指示，要求国家林业和草原局不断创新和推进林业生态扶贫脱贫途径：深入实施造林补贴、森林抚育补贴、公益林生态效益补偿、退耕还林工程补贴、草原生态保护补助奖励等重大生态建设工程和重大生态补偿政策；通过组建扶贫产业合作社、扶贫攻坚造林专业合作社等扶贫脱贫集体组织，吸纳贫困人口参与生态建设等方式增加贫困农民收入；通过发展林下经济、木本油料、森林旅游、特色林果等绿色富民产业带动贫困农民就业；继续增加生态保护岗位和投入，扩大深度贫困地区生态护林员规模；大力创新和完善绿色产业带动贫困户的利益联结机制，最大限度地覆盖贫困村和贫困户；深入实施科技扶贫行动，积极组织林业科研院所、高校、科技推广站形成多方联动、优势互补的协同扶贫机制。

在十三届全国人大一次会议召开记者会上，国务院扶贫办主任

---

① 窦亚权、余红红、王雅男、李娅：《我国林业扶贫工作的研究进展及趋势分析》，《林业经济》2018年第6期。

刘永富总结林业生态扶贫脱贫经验时指出：我国的深度贫困地区，大都存在生态脆弱与生产落后高度重合、生态治理与脱贫攻坚任务相互叠加的问题，土地荒漠化、石漠化是多数贫困县共同面临的突出问题。脱贫攻坚需要与生态建设实现互补、相得益彰，形成新时期生态脆弱地区脱贫攻坚的新路径和新经验。刘永富肯定了吸收建档立卡的贫困人口成为护林员以及山西林业生态扶贫经验。

2. 林业生态扶贫政策体系逐渐建立

在"两个一百年"目标的指引下，并将共享理念落到实处，需要贯彻落实国家有关精准扶贫的政策举措，不断增强贫困地区的"造血功能"。《中国农村扶贫开发纲要（2011—2020年）》要求在贫困地区继续实施退耕还林、退牧还草、水土保持、天然林保护、防护林体系建设和石漠化、荒漠化治理等重点生态修复工程。建立生态补偿机制，并重点向贫困地区倾斜。在助力贫困人口脱贫途径上，中共中央、国务院非常关注林业生态扶贫脱贫渠道和重要性，并在颁布《中共中央国务院关于打赢脱贫攻坚战的决定》提出：通过重大生态工程，在项目和资金安排上进一步向贫困地区倾斜，提高贫困人口参与度和受益水平。要创新生态资金使用方式，利用生态补偿和生态保护工程资金使当地有劳动能力的部分贫困人口转为护林员等生态保护人员。在《关于打赢脱贫攻坚战三年行动的指导意见》文件中，国务院要求要加强林业和草原生态扶贫工作，创新林草生态扶贫脱贫机制，加大贫困地区林业与草原生态保护与修复力度，实现生态环境改善与扶贫脱贫双赢。在推进林业与草原生态扶贫脱贫行动过程中，到2020年，将具有一定劳动能力的贫困人口新增并选聘为护路、护林、护河等生态护林员以及草管员，预计新增岗位40万个。国务院关于印发《"十三五"脱贫攻坚规划》的通知（国发〔2016〕64号）和《2016年中国的减贫行动与人权进步》白皮书均进一步明确要求正确处理好林业与草原的生态保护、修复与扶贫开发的关系，加强贫困地区特别是深度贫困地区的林业和草原生态保护与治理修复，提升贫困地区特别是深度贫困地区经济、社会与生态可持续发展能力。逐步提高对贫困地区和贫困人口的生态补偿力度和生态补偿金额，增加生态公益岗位，吸收贫困人口参与护林、护路、护河、护草等生态保护工作提高家庭收入，实现生态就业脱贫。"三区三州"等深度贫困地区地理条件弱、基础设施差、贫困面积大，是扶贫脱贫攻坚中的主要难点和硬骨头，通过就业扶贫、产业扶贫等方式补齐这些短板是决战取胜扶贫脱贫攻坚战的关键所在。习近平总书记曾经指出：实现深度贫困地区贫困人口的脱贫，是打赢扶贫脱贫攻坚战必须完成的任务。因此，中共中央办公厅、国务院办公厅印发《关于支持深度贫困地区脱贫攻坚的实施意见》提出，不仅要新增脱贫攻坚资金、新增脱贫攻坚项目、新增脱贫攻坚举措重点支持"三区三州"，而且要加大生态扶贫等支持力度，构建起适应深度贫困地区脱贫攻坚需要的支撑保障体系。

为了贯彻中共中央和国务院文件精神，国家发展改革委、国家林业局、财政部、水利部、农业部、国务院扶贫办六部门共同制定了《生态扶贫工作方案》（发改农经〔2018〕124号），要求贫困人口通过参与各项工程建设获取合理的劳动报酬，参加护林、护草、护河等生态公益性工作取得稳定的工资性收入，发展生态林业、草业产业增加一定的经营性收入和财产性收入，实施森林和草原生态保护补偿政策等增加稳定的转移性财政补偿收入等方式，增加贫困人口的家庭收入。基于中共中央、国务院及其相关部门的关于林业生态扶贫的重要指示和行动方案基础上，国家林业和草原局不仅明确了林业生态扶贫目标，而且还细化了贫困地区林业生态扶贫工作。在《关于加快深度贫困地区生态脱贫工作的意见》文件中，国家林业局还提出了林业生态扶贫脱贫目标：到2020年，在"三区三州"等深度贫困地区，力争完成营造林面积1200万亩，组建了6000多个扶贫造林专业合作社，共吸纳了约20万贫困人口参与生态工程建设，新增护林、护河、护路等生态护林员指标的50%安排到深度贫困地区，通过大力发展林业与草业等生态产业，带动并增加了约 600 万贫困人口的家庭收入。林业生态扶贫目标落到实处，必须制定政策措施，为此，国家林业和草原局通过颁布《林业草原生态扶贫三年行动实施方案》，进一步明确了落实林业生态扶贫行动的 32 项政策措施以及分工项目的牵头单位和主要参加单位。为了构建林业生态扶贫脱贫长效机制，推进发展林业产业实现精准扶贫脱贫，国家林业和草原局配合农业部与财政部、国务院扶贫办、国家开发银行共同下发了《关于加强贫困地区生态保护和产业发展促进精准扶贫精准脱贫的通知》。为了高质量打赢深度贫困地区脱贫攻坚战，使"三区三州"群众彻底摆脱千百年来存在的深度贫困问题，国家林业和草原局办公室、国务院扶贫办综合司印发《云南省怒江傈僳族自治州林业生态脱贫攻坚区行动方案（2018—2020年）》，通过新增生态护林员、新增公益林补偿、加大森林防火基础设施建设、全面推进新一轮退耕还林还草、组建林草扶贫攻坚（生态扶贫）专业合作社、发展特色林下产业、实施特色林产业提质增效等途径，提出打造怒江林业生态脱贫攻坚区，为深度贫困地区脱贫提供样板。认真落实《生态扶贫工作方案》，还需进一步细化政策措施，才能攻陷云南怒江州林业生态脱贫攻坚区，才能提升林业在"三区三州"脱贫攻坚中的作用，为此，国家林业和草原局继续印发《国家林业和草原局 2019 年工作要点》的通知（林办发〔2019〕1 号）要求：完善天然林资源保护、森林生态效益补偿等生态补偿脱贫政策，扩大生态护林员选聘规模。引导支持贫困地区加快发展绿色富民产业，开展科技下乡和科技特派员扶贫行动，增强贫困地区自我发展能力。

3. 林业生态扶贫多方联合行动

中共中央组织部要求，聚焦深度贫困地区，深入推进抓党建促脱贫攻坚。以钉钉子精神进一步落实选派第一书记、加强贫困村党组织特别是整顿软弱涣散班子、深入组织宣传群众、发展壮大薄弱村空壳村集体经济等四项任务要求，充分发挥党的政治优势、组织优势和群众工作优势，为攻克深度贫困堡垒、打赢扶贫脱贫攻坚战提供了重要和坚强的组织保证。国务院及其发改委等部门提出，加大"三区三州"等深度贫困地区的基础设施建设，一次性切块下达21个省（区、市）2017年以工代赈示范工程中央预算内投资计划，用于支持在14个国家集中连片特殊困难地区。开展一批示范效果好、带动作用强的以工代赈工程建设，主要包括山水田林路、片区综合开发、小流域治理、乡村产业路和旅游路等。财政部召开财政支持深度贫困地区脱贫攻坚工作座谈会，听取西藏、青川甘滇四省藏区、南疆四地州和四川凉山彝族自治州、云南怒江傈僳族州、甘肃临夏州等20个州（市）典型深度贫困地区财政扶贫工作汇报，围绕充分发挥财政职能作用，深入务实地讨论与研究如何扎实推进和打赢深度贫困地区扶贫脱贫攻坚战。2018年2月，国务院扶贫办与教育部联合发布《深度贫困地区教育脱贫攻坚实施方案（2018—2020年）》（教发〔2018〕1号），要求在贯彻落实党的十九大精神和习总书记关于扶贫脱贫重要讲话精神基础上，全国教育系统更加有力地和集中地打好深度贫困地区教育扶贫脱贫攻坚战。2018年1月，中国人民银行、银监会、证监会、保监会等四部门联合印发了《关于金融支持深度贫困地区脱贫攻坚的意见》（银发〔2017〕286号），要求金融部门集中力量与资源，创新金融支持贫困地区经济发展的金融扶贫体制机制，完善深度贫困地区的金融扶贫服务体系，将新增金融资金优先满足和新增金融服务优先布设"三区三州"等深度贫困地区，力争2020年以前的每年支持深度贫困地区经济发展的贷款增速水平高于所在省（区、市）贷款平均增速，为打赢深度贫困地区扶贫脱贫攻坚战提供了重要的金融支撑。水利部印发了《加快推进深度贫困县水利脱贫攻坚三年行动方案（2018—2020年）》，要求各省区以实施安全饮水、产水配套、水生态治理、骨干水源、人才支撑"五大行动"为抓手，建立"项目支持、政策倾斜、智力帮扶""三位一体"的帮扶体系，着力夯实深度贫困县的水利发展基础。为了深度聚焦贫困地区，切实加大对深度贫困地区的旅游扶贫支持力度，国务院扶贫办与国家旅游局印发《关于支持深度贫困地区旅游扶贫行动方案》，目标任务是：到2020年，明显提升"三区三州"等深度贫困地区的旅游扶贫脱贫规划水平，明显改善当地的绿地基础设施和公共服务设施，出台更加有力的乡村旅游扶贫减贫措施，逐步提升乡村旅游扶贫人才培训质量，明显提高特色旅游产品品质和供给能力，逐步体现乡村旅游品牌效应，旅游综合效益得到持续增长，旅游扶贫成果不断巩固，乡村旅游在带动和促进"三区三州"等深度贫困地区如期脱贫中发挥有效作用。

党的十八大以来，以习近平同志为核心的党中央已经意识到：全面建成小康社会，最艰巨、最繁重的任务在农村，特别是在贫困地区。意味着全面建成小康社会与实施精准扶贫有着必然的联系，前提是必须通过扶贫消除了贫困，才能实现人民群众的小康梦。由此，把扶贫工作提高到了前所未有的高度，并陆续出台了支持和引导扶贫脱贫工作的各项政策体系。这些扶贫脱贫政策体系已经成为指导基层工作者进行贫困户精准识别和落实帮扶责任的根本依据，契合农村实际的扶贫政策的制定和执行已经最大限度发挥政策指导和规范扶贫工作的作用。

4. 用生态扶贫方式增加贫困户收入

为贯彻落实《中共中央国务院关于打赢脱贫攻坚战的决定》《国务院关于印发"十三五"脱贫攻坚规划的通知》（国发〔2016〕64号）等文件精神，进一步消除贫困、改善民生、提高收入、逐步实现共同富裕、加快全面建成小康社会。为了充分发挥生态建设对精准扶贫、精准脱贫的作用，切实做好林业、草业生态扶贫脱贫工作，按照国务院扶贫开发领导小组统一部署，国家发改委、林业和草原局、财政部、水利部、农业部、国务院扶贫办等六部门联合制定了《生态扶贫工作方案》。规定通过以下四种方式增加贫困户的收入：一是通过参与生态工程建设取得劳动报酬。通过推广扶贫攻坚造林专业合作社、村民自建等生态扶贫创新模式，采取以工代赈等方式，组织深度贫困地区的贫困人口积极参与林业和草原生态工程建设。要求政府投资与实施的重大林业与草业生态工程，必须招收一定比例的具有劳动能力的贫困人口参与建设并支付较为合理的劳动报酬，以此增加贫困人口家庭收入，促进脱贫致富。二是通过提供生态公益性岗位获得较为稳定的工资性收入。大力支持在贫困地区设立护林、护草、护路、护河等生态管护员岗位，加强生态管护员的管护技能培训，让能胜任生态管护岗位要求的贫困人口参加护林、护草、护路、护河等工作，实现家门口脱贫。在贫困地区的国家公园、自然保护区、森林公园和湿地公园等单位开展生产建设，必须安排一定比例的岗位优先安排具有一定劳动能力的贫困人口参与生产经营和管理。在加强生态保护与生产建设的同时，精准带动区域内贫困家庭稳定增收脱贫。三是通过发展林业和草业生态产业增加经营性收入和财产性收入。在加强林业和草业生态保护的前提下，充分利用和发挥生态资源优势，积极调动贫困人员的生产经营积极性，大力发展生态扶贫旅游、特色文化产业、特色种养业等生态产业，通过土地流转、入股分红、合作经营、劳动就业、自主创业等方式，建立利益联结机制，完善收益分配制度，增加资产收益，拓宽贫困人口增收渠道。在同等质量标准条件下，优先采购建档立卡贫困户的林草种子、种苗，增加贫困户经营性收入。四是通过生态补偿等政策加大生态补偿力度，提高贫困家庭转移性收入。在实施重大生态工程建设，安排生态补偿资金时，优先支持有需求、符合条件的贫困人口，使贫困人口获得补助收入。

（二）研究设计

1. 研究思路

贫困户是整个农村社会的最小单元，一系列的林业生态扶贫政策最终也是需要落实到每一家贫困户。看农民的日常生活是否在政策的帮助下不再愁吃、不再愁穿，以及生活中的住房、教育、医疗问题是否得到了保障,是农村扶贫最基本的要求,也是对扶贫政策的最低评价标准。在此基础之上,再深入探讨农民经济收入水平是否在扶贫政策的帮助下提高了、农民对扶贫政策的满意程度如何。为了获得这些信息,我们有必要进行数据收集,为此,需在阅读大量文献和借鉴前人研究成果基础上,设计一些调查问卷并开展调研工作,再对调研数据进行整理和归纳。我们的调研过程得到了怒江傈僳族自治州与阿坝藏族羌族自治州林业和草原局、乡镇林业站、村委以及怒江傈僳族自治州与阿坝藏族羌族自治州人民政府及其工作人员的帮助,调研活动抽取了五种类型的贫困户,分别是普通户、贫困户、脱贫户、返贫户、林业专项贫困户。调研活动结束后,调研组分别从定性和定量两个角度分析数据结果,评估了深度贫困地区林业生态扶贫政策执行效果。

为了更好地分析执行效果,对四种扶贫模式(产业扶贫、就业扶贫、小额信贷扶贫、驻村帮扶)进行比较分析,而后研究分析了"两不愁三保障"基本情况,结合专家咨询法的权重打分,在得出指标权重的基础上,对贫困户满意度进行了层次分析法(AHP)分析。同时对林业生态扶贫政策构建指标体系进行评价分析,从而得到林业生态扶贫政策执行过程中所存在的问题,并在综合调研组成员个人意见后,对相应问题尽己所能提出可落实的解决方法。

2. 问卷设计

问卷一共设计了七种,分别针对林业专项贫困户、贫困户、脱贫户、普通户、返贫户、村级政策评价调查表、市(县、乡)政策评价调查表。问题设计井然有序,通过对各类问题进行英文字母编码,使问题得以分类,如A级表示调研基本情况,B级表示户主基本情况,C级表示贫困户家庭基本情况,D级表示"两不愁"情况,E级表示"三保障"情况,F级表示林业产业扶贫政策,G级表示林业就业扶贫政策,H级表示林业扶贫小额信贷政策,J级表示2018年家庭收入等级与核实,K级表示家庭增收来源,M级表示驻村帮扶与责任人帮扶,O级表示贫困户对林业扶贫政策满意度。

针对不同的问题模块，设计7~28个不等数量问题，题型包含了填空题、单选题、多选题、开放性主观题等。在此基础之上，又对每一类别的问题进行数字排序，由此，每一份问卷累计问题数量约为30~200个不等。问题设计如此复杂，正是为了使得最终的数据尽可能地精准、丰富，有利于进行最终数据分析。

在针对"两不愁三保障"（D级和E级）的类别中，设置了"现在家里是否能吃饱""每月在食品上的支出占总收入比例""家庭饮用水来源""有无饮水困难""家中有无应季衣服被子鞋子""2014年来是否享受过危房改造政策""若危房改造已完工，是否通过了验收""您全家是否都享受了城乡居民基本医疗保险和大病医疗保险""医保中个人缴费部分是否由财政补贴""现在看病和以前相比负担是否减轻了"等问题。

在针对贫困户对林业生态扶贫政策满意度（O级）类别问题中，设置了"非常不满意""不满意""一般""满意""非常满意"等五个层级，设计了帮扶政策宣传到位程度满意度、识别标准科学满意度、识别方式合理满意度、识别过程透明度满意度、识别结果准确满意度、政府重视程度满意度、帮扶政策满意度、帮扶人员满意度、帮扶项目满意度、帮扶进度满意度、帮扶资金满意度、帮扶政策有用性的满意度、现在生活满意度、林业（草原）政策社会兜底脱贫满意度等14个指标；根据贫困户对其评价结果，运用专家咨询法对不同的指标进行权重赋值，并通过层次分析法分析哪一个指标存在着不太令贫困户满意的情况。

在针对林业生态扶贫模式对比（F、G、H、M）的类别中，四种类别分别设置了有针对性的问题。林业产业扶贫（F）设置的问题包括"自己独立发展产业是否获得资金或实物支持？""若是，自己发展了什么产业？""现在该产业是否还在继续做？""发展的产业是否能够为贫困户带来长期稳定增收？""如果没有继续做了，原因是什么？""是否在企业、合作社、大户的带领下发展产业""若是，是否有以下这些带动方式？（技术服务、代购生产材料、代销产品、托管托养、分红等）""是否加入了合作社（成为社员）？""是否入股合作社？""如果入股合作社，入股方式？""合作社的经营情况如何？""合作社是否分红？""如果合作社分红，是否参与了合作社的生产经营活动？""得到产业扶贫帮扶措施后，对家里增收是否有帮助？"等问题，通过怒江傈僳族自治州与阿坝藏族羌族自治州等进行对比分析，分析林业产业扶贫对贫困户脱贫产生的作用。

林业就业扶贫（G）设置的问题包括"建档立卡以来，家里参加就业培训有几人次？""培训产生了什么效果？""参加培训对找工作或提高就业收入是否有帮助？""建档立卡以来，家里有几人通过政府组织外出务工？""建档立卡以来，家里有几人获得了稳定的本地就业机会？其中，家里几人参与公益岗位？和家里有几个车间工人？""获得就业帮扶措施后，对家里增收是否有帮助"等问题分析林业生态扶贫中的就业扶贫产生效果。

林业小额信贷扶贫（H）设置的问题包括"您是否知道扶贫小额信贷？""您家是否借过扶贫小额贷款？""若借过，借了多少（元）？""贷款年限是多少？若借过，银行有没有要求抵押和担保？贷款利息是如何支付的？使用方式是什么？若是自贷自用，借款主要用途是什么？若是户贷企用，是否知道自己的贷款入股了哪家企业？贷款企业的主要经营范围是什么？若是入股或转借给企业、合作社，期限是多长（年）？若是入股或转借给企业、合作社，2018年是否得到分红？""若借过扶贫小额信贷，对家庭增收是否有帮助？""若没有借过扶贫小额信贷，原因是什么？"等问题分析小额信贷扶贫方式对贫困户脱贫产生的效用。

驻村帮扶与责任人帮扶（M）设置的问题包括"村里是否有驻村工作队？""驻村工作队主要做了哪些事情？""您对驻村工作队的工作是否认可？""您家是否有帮扶责任人？""帮扶责任人上门走访几次？通过电话联系几次？帮扶责任人主要帮您做了哪些事？""帮扶责任人对您家是否有帮助？"等问题分析驻村帮扶产生的效果。

林业生态扶贫主要是基于政策评价市（县、乡）政策评价调查表中的 79 个评价指标，应用层次分析法与综合指数法进行评价，本部分不再赘述。

3. 研究方法

（1）图示分析法

针对"两不愁三保障""林业生态扶贫模式"角度分析林业生态扶贫产生的直接效果，主要方法是将所整理的数据用 Microsoft Office Excel 制作出表格、饼状图、直方图、对比分析图。例如贫困户每月在食物上的支出占总收入的百分比，运用一个表格可以直观看到各阶段恩格尔系数对应的贫困户数有多少。又如针对"有无饮水困难"这个问题，对两种回答进行数量统计，制作一个饼状图，可以直接看出有困难的贫困户占比多少。再如单纯比较数量的直方图，可以一眼看出统计量的数值的差距。通过这种图示的方法能够使数据更加直观地反映出来。有利于通过定量分析总结和归纳出调查地点的贫困户基本情况、"两不愁三保障"政策落实效果，以便推断出存在着的问题，从而给出相应意见。

（2）实地调查法

为保证数据的真实性，在怒江傈僳族自治州与阿坝藏族羌族自治州及各县林业和草原局协助下，由国家林业和草原局经济发展研究中心和林业产业规划设计院、广西财经学院广西（东盟）财经研究中心、青岛农业大学经济学院等单位组成的项目研究团队于3月底4月初与7月中旬开展了累计近一个月的调研考察活动。本次调研活动调查了怒江州福贡县上帕镇、匹河怒族乡、架科底乡，阿坝州的理县、阿坝县、红原县等，了解了当地村民对林业生态扶贫脱贫政策的看法。

（3）层次分析法

针对贫困户主观满意度这一角度研究，通过文献检索，结合赴怒江傈僳族自治州兰坪县、福贡县、泸水市以及与阿坝藏族羌族自治州的理县、阿坝县、红原县的实际调研情况，项目研究团队对研究指标进行了初选，构建了林业生态扶贫脱贫政策执行效果评价一级评价指标体系。并采用重要性咨询法筛选出最终评价指标,形成二级评价指标体系,最终共有 14 个基层指标。再结合专家评价法中咨询专家意见,并通过矩阵、向量等数理分析,测定出各个指标的权重值。将各项满意度指标评分进行平均数求值,得出政策评分。各项政策评分乘以指标权重再相加,即可得到被调查贫困户满意度的综合绩效测量值。最后将之与标准值进行比较,则可得出低于标准值的指标有哪些,由此可以找到存在的问题并提出建议对策。

(4) 综合指数法

本研究所涉及的指标评价方法,其中最主要的就是对单项指标进行合成。单项指标及其权重只能反映实施林业生态扶贫政策的一个方面,要了解怒江傈僳族自治州与阿坝藏族羌族自治州林业生态扶贫政策的整体情况,就必须将单个指标值进行综合。综合指标的方法有指数和法、指数积法等。本研究则采用指数和法对怒江傈僳族自治州与阿坝藏族羌族自治州实施林业生态扶贫政策情况进行综合。其计算公式如下:

$$P'(o) = \sum_{i=1}^{79} W_{Ci} \times P'(Ci) \qquad (1-1)$$

式中:$P'(o)$ 代表政策指标综合度;W_{Ci} 为各单项指标权重;$P'(Ci)$ 为单个指标的指数。

(三) 研究过程

1. 问卷调查

此次问卷调研是在 2019 年 3 月与 7 月两次进行调查。此次调研在怒江傈僳族自治州与阿坝藏族羌族自治州林业和草原局的大力协助下,包括国家林业和草原局经济发展研究中心、林业产业规划设计院、广西财经学院广西(东盟)财经研究中心、青岛农业大学经济学院(合作社学院)等单位组成的项目研究团队进行相关调研,调研基本覆盖两个州的多个市、县，样本具体分布情况见表1-1。

表1-1　　　　　　　　　样本来源基本情况

州名称	调研地	样本数量（N）	占比（%）
怒江州	兰坪县中排乡	19	10.50
	兰坪县拉井镇	7	3.87
	兰坪县石登乡	13	7.18
	兰坪县兔峨乡	20	11.05
	福贡县架科底乡	12	6.63
	福贡县匹河怒族乡	18	9.94
	福贡县上帕镇	19	10.50
	泸水市片马镇	11	6.08
	泸水市古登乡	18	9.94
阿坝州	阿坝县垮沙乡	12	6.63
	阿坝州红原县	16	8.84
	阿坝州理县	16	8.84
合计		181	100.00

由于本研究主要是针对"三区三州"的林业生态扶贫政策实施效果，由于返贫户数量较少（仅仅1户，由于生病和上学返贫），因此后续本报告针对贫困户进行调查研究，引用来自其他类别调查问卷调研数据进行脚注标注。贫困户调研数据量情况见第三章。

2. 数据整理

在项目研究组将数据收集结束之后，随即返回到了各自工作所在地，并于5月将数据集中于项目研究组长，然后在小组成员进行分工之后，对问卷先进行了编码。

州编码为第一位数，怒江州记为"1"，阿坝州记为"2"。县编码为第二位数，兰坪县记为"1"，福贡县记为"2"，泸水市记为"3"，理县记为"1"，红原县记为"2"，阿坝县记为"3"。乡编码为第三位数，兰坪县中，中排乡记为"1"，拉井镇记为"2"，石登乡记为"3"，兔峨乡记为"4"；福贡县中，架科底乡记为"1"，匹河怒族乡记为"2"，上帕镇记为"3"；泸水市中，片马镇记为"1"，古登乡记为"2"；木卡乡记为"1"，刷经寺镇记为"1"，垮沙乡记为"1"。村编码为第四位数，中排乡的小龙村记为"1"；拉井镇的长涧村记为"1"；石登乡的界坪村记为"1"；兔峨乡的江末村记为"1"；架科底乡的里吾底村记为"1"；匹河怒族乡的老姆登村记为"1"；上帕镇的腊吐底村记为"1"；上帕镇的上帕村记为"2"；片马镇的四河村记为"1"；古登乡的俄夺罗村记为"1"；木卡乡的列列村为"1"；刷经寺镇的老康苗寨为"1"；垮沙乡的垮山村为"1"，垮沙乡的哈木措村为"2"。贫困户类型为第五位数，林业专项贫困户记为"1"，贫困户记为"2"，脱贫户记为"3"，返贫户记为"4"，普通户记为"5"。

  问卷编码完成后便开始对问卷中的问题进行无量纲化。即对问卷中的选择题进行整理，将选项"是"记为"1"，选项"否"记为"0"。对于多选题，则对多选题中的选项进行编号，例如满意度中的"非常不满意""不满意""一般""满意""非常满意"等五个层级，分别记为"1""2""3""4""5"。这样的数据整理有利于之后对其进行更深入的分析。

  问卷处理过程工程量较为浩大，因此数据整理用了将近一周时间。针对问卷中贫困户的口头备注、主观题回答等，数据整理人员还另外用笔记本做了记录，以便之后的深入研究探讨。

3. 样本有效性

  本项研究主要采取问卷调查方法，在实际调查过程中综合运用实地访谈和发放调查问卷相结合的方式收集数据。调查范围涉及怒江傈僳族自治州与阿坝藏族羌族自治州6个县12个乡14个村，总共选取82户贫困户进行后续分析，有效问卷79份，有效率为96.34%。

二 研究基础

(一) 概念界定

1. 扶贫

在国际上的扶贫主要是指扶贫开发,具体定义为反贫困,具体内涵包括三个层面,帮助贫困人口进行自身生产和生活的发展,帮助其改善自身的贫困状况,加快贫困地区经济的发展。中国在国际扶贫定义的基础上,结合国家自身实际情况,对扶贫开发的内涵进行了一定的调整与改进。中国扶贫开发的宗旨是增加当地的财政收入,发展商品经济,使全国人民都走上共同富裕之路。黄贞(2015)[①] 指出"在中国主要的扶贫对象是绝对贫困的人口,即在特定的贫困地区,个人或家庭的收入不能满足最基本生活的那部分贫困群体"。王敏等(2016)[②] 指出"扶贫是指我国的党和各级政府作为主导,采取各类政治、经济等措施,帮助贫困地区或贫困人口消除其贫困的因素和负担,实现自身发展和脱贫致富,同时改善贫困地区的贫困面貌"。扶贫在上述方面皆发挥了重要的作用。

通过对文献的研究分析可知,本文认为,扶贫包含贫困户脱贫

---

① 黄贞:《共生视域下民族扶贫政策评估研究——以湖南省慈利县扶贫评估为例》,《青海民族研究》2015 年第 26 期。
② 王敏、方铸、江淑斌:《精准扶贫视域下财政专项扶贫资金管理机制评估——基于云贵高原 4 个贫困县的调研分析》,《贵州社会科学》2016 年第 10 期。

和贫困地区面貌改善两个方面。贫困户脱贫主要是帮助贫困户取得合法权益，加大农村人才开发、完善农民工人才市场，提升临时工基本待遇，建立发展工农业企业、促进生产摆脱贫困的一种社会工作，目的是取消贫困负担。贫困地区面貌改善主要是针对农村地区实施各类乡村规划，帮助农村地区改善基础设施、改善生产条件、改善贫困户的生活条件，帮助其发展农业产业、文化产业、旅游产业等，逐步地改善农村的面貌。

2. 生态扶贫

生态扶贫是基于贫困地区与重点生态功能区的地理空间重叠、项目实施区域重叠和发展目标一致而形成的，是"创新发展、协调发展、绿色发展、开放发展、共享发展"五大发展理念在扶贫开发领域的具体体现，是一种新型可持续的扶贫模式，侧重于生态环境与经济发展的协调统一，实现在生态建设与保护中减贫，在减贫中保护生态环境（李仙娥等，2014）[①]。生态扶贫是从改变贫困地区的生态环境入手，通过加强基础设施建设来改变贫困地区的生产和生活环境，以提高贫困地区的生态服务功能，最终探索出一条投入少、效益高，符合中国国情的可持续扶贫方式（章力建等，2008）[②]。将生态扶贫首次定义为在已知的生态状况和经济发展水平的条件下，把生态环境保护意识融入到生态产业的发展当中去，通过保护环境来提升当地的经济发展，最终实现协调发展（杨文举，2002）[③]。但这一定义不够综合全面，没有涉及生态扶贫开发的作用机制，只是从生态建设这一方面定义了生态扶贫。在此基础上，在2012年更为综合全面地定义了生态扶贫，他们认为要想彻底改善贫困地区居民的生产和生活条件，只改变生态资源环境是不够的，应

[①] 李仙娥、李倩、牛国欣：《构建集中连片特困区生态减贫的长效机制——以陕西省白河县为例》，《生态经济》2014年第30期。

[②] 章力建、吕开宇、朱立志：《实施生态扶贫战略提高生态建设和扶贫工作的整体效果》，《中国农业科技导报》2008年第1期。

[③] 杨文举：《西部农村脱贫新思路——生态扶贫》，《重庆社会科学》2002年第2期。

大力建设当地基础设施，提升贫困地区生态服务功能（查燕等，2012）[①]。随后，查燕等（2012）[②]从全新的视角定义生态扶贫，即从生态人类学的角度出发，强调实现扶贫效益的最大化必须建立在生态系统可以确保可持续发展的这个首要前提之下，综合考虑经济与生态环境之间的关系，做到对各项生态服务功能的重复循环利用。这一定义是到目前为止对生态扶贫这一概念最为综合完整的概括，同时也为下一步的路径选择进行了铺垫。

尽管各类文献在不断发展和充实生态扶贫概念，但生态扶贫的内在逻辑并未发生根本改变，生态优先理念得到不断强化。结合相关研究中学者对生态扶贫的定义，本文认为，生态扶贫是在贯彻国家主体功能区制度基础上，以保护和改善贫困地区生态环境为出发点，以提供生态服务产品为归宿，通过生态建设项目的实施，发展生态产业、构建多层次生态产品与生态服务消费体系、培育生态服务消费市场，以促进贫困地区生态系统健康发展和贫困人口可持续生计能力提升，实现贫困地区人口经济社会可持续发展的一种扶贫模式。因而，主体功能区制度是生态扶贫的制度约束，生态建设项目是生态扶贫的项目载体，生态产业发展是生态扶贫的产业支撑，生态服务消费市场建设是生态扶贫的持续动力，生态补偿制度是生态扶贫的制度保障，生态产品的持续供给与生态系统的健康发展是生态扶贫的资源基础，而贫困人口发展能力提升是生态扶贫的最终归宿。

3. 林业生态扶贫

近些年，国内众多学者从自己独特的视角详细地阐述了林业扶贫的内涵与外延。一是从林业产业发展的视角阐述林业扶贫的内

[①] 查燕、王惠荣、蔡典雄、武雪萍：《宁夏生态扶贫现状与发展战略研究》，《中国农业资源与区划》2012年第33期。

[②] 同上。

涵。如王钢等（2016）① 从"林下经济+精准扶贫"的内涵进行林业扶贫内涵的阐述，认为林下经济发展（既是"林业发展"）与"五大发展理念"高度契合且协调发展，林业发展整合各类扶贫资源，适应市场经济发展需求，生产适合市场需求的产品，增加贫困户的收入，达到脱贫致富的目标。彭斌、刘俊昌（2013）② 则是从农民增收与产业两个视角阐述林业扶贫的内涵，认为林业产业的发展，能够拓宽贫困户的就业渠道，优化各类资源配置，促进农村经济发展，逐步增加农民的收入。沈茂英、杨萍（2016）③ 从经济学的角度认为，林业扶贫的重点是通过实施生态建设项目构建生态产业价值链和生态服务消费体系从而形成一个生态服务的消费市场，进而提高贫困地区人口的生计能力，使之稳定脱贫。赵荣等（2014）④ 则认为通过发展林业可以将丰富的森林资源优势转化为经济优势，进而实现可持续发展，避免返贫现象的发生。二是从林业发展能够改善农村发展环境的视角阐述林业扶贫的内涵。如邹全程（2016）⑤ 认为林业是一项公益性事业，不仅具有较强的产业功能，同时森林资源是贫困人口最重要的生产生活资源，发展林业是实现脱贫致富重要的途径。另外，林业产业的发展能够改善贫困区生态环境、构建国家生态安全屏障、有利于偏远地区经济发展与安定团结、加快建成小康社会等。

通过文献研究可知，林业扶贫主要是通过发展林业产业，如林下经济、经济林产业、木材种植、参与各类林业工程，与贫困地区的扶贫开发相结合，不仅能够增加贫困人口的收入，解决其脱贫的

---

① 王钢、周绍炳、刘宗泉、廖娟、喻世刚、农向：《发展林下经济助力精准扶贫的问题与对策》，《现代农业科技》2016 年第 21 期。
② 彭斌、刘俊昌：《民族地区绿色扶贫新的突破口——广西发展林下经济促农增收脱贫路径初探》，《学术论坛》2013 年第 36 期。
③ 沈茂英、杨萍：《生态扶贫内涵及其运行模式研究》，《农村经济》2016 年第 7 期。
④ 赵荣、杨旭东、陈绍志、赵晓迪：《林业扶贫模式研究》，《林业经济》2014 年第 36 期。
⑤ 邹全程：《关于我国林业扶贫工作浅析》，《华东森林经理》2016 年第 30 期。

问题，还能有效地改善贫困地区的基本生产生活条件、改善其基础设计，改善区域的生态环境状况，增加生态承载能力，实现贫困人口脱贫和贫困地区改善的目标。

（二）理论基础

1. 公共政策理论

公共政策体系的建立一般包含以下几个阶段：制定阶段、完善阶段、行动阶段、监管阶段和终止阶段，各个阶段是不断变化的，共同构建成为一个动态化运行体系。政策评估是政策行动阶段最为关键的环节，其是为了判断该政策执行绩效，为各个环节提供标准和判断依据，为政策系统运行与改进提供参数与标准，对政策系统的良性运转起着关键作用。但对于公共政策评价，不同的专家还给出了不同的行动方案和行动规范。如美国卡尔·帕顿等人提出政策评价有四个方面的内容："第一方面是经济可行性标准，该标准主要关注总体利益和不同个体利益；第二方面是技术可行性标准，该标准能有效地实现目标，但是评估方案必须在一定成本限度之内；第三方面是政治理论可接受性的标准，该标准评估方案是否能被相关利益群体所运用；第四方面是行政可操作性标准，该标准评估政策方案能否在特定的环境中运行。"美国学者威廉·邓恩指出："政策绩效评价的目的是指明关于政策和计划的起因与最终结论方面的过程；评价应首先建立价值条件，这对提供政策绩效信息至关重要，获取绩效方面信息应采用适宜性、充分性、效率性、公平性、回应性、成效性的评估标准进行绩效评价。"托马斯·戴伊指出："政策评价就是评估公共政策效果的过程，判断公共政策是否达到预期的过程，就是检验政策效果与成本是否一致的过程。"美国学者内格尔提出："评估依靠经验性的数据和资料分析，关心政策的实用性，把评估看作是一种科学研究活动，政策评估主要包括四个要素,第一是目标,政策目标和政策约束的比重;第二是政策,利用包括手段、项目、计划、决议等要素或其他可以利用的要素来达到既定的目标;第三是利用决策和目标之间的关系,通过引经据典、直觉、观测、推理等要素来实现目标;第四是利用目标与政策之间的关系,选择政策或者选择政策组合。"张亲培则认为"公共政策评价是指公共政策依据一定的标准和程序,采用科学的研究方法,对政策计划和执行过程进行分析评估,对政策结论和影响进行检验,并依此来衡量政策结果是否符合公众需要的一种科学研究方法"。

通过公共政策理论研究不难发现,政策执行过程中的政策评价是至关重要的一环,产生问题,将问题列入政策议程,选择不同的方法来解决问题,制定和修改政策、执行政策、完善政策、评估政策以及调整政策。公共政策理论研究对于林业生态扶贫政策评价指标的设定、评价过程都提供了非常良好的借鉴。

2. 生态扶贫理论①

生态扶贫理论作为一种新的扶贫理论,其产生拥有丰富的实践过程与发展历程,是在多种现有理论的基础上发展起来的,主要由以下三方面构成。

马克思主义发展观。马克思认为人与自然是既统一对立又协调斗争的有机整体,"自然是人类生存的基础""人是自然界的一部分",因而在社会发展中必须要正确认识人与自然的统一关系。针对资本扩张对自然造成的破坏问题,马克思主义发展观指出了解决这一问题的哲学理论,为中国特色社会主义生态扶贫理论的形成奠定了基础,中国的生态扶贫理论是在保护自然环境的基础上,提出扶贫、脱贫与贫困人口全面发展的观点,是马克思主义与中国特色社会主义结合的发展实践。

---

① 徐彦平:《西部县域政府扶贫开发政策执行效果实证研究》,《兰州大学》2015年第5期。

邓小平提出社会主义的本质要求是：解放生产力，消灭剥削，达到共同富裕的目的。生态扶贫是中国特色社会主义的本质要求，有助于推动小康社会的全面建成，实现第一个一百年的奋斗目标。基于多元贫困的亲贫困增长理论（又称益贫式增长理论）的研究，许多学者意识到贫困原因及方式是多维的，不能仅仅依靠经济的发展来消灭贫困。而后 Ravallion Martin 提出了亲贫困增长理论，指的是在经济增长过程中，能够使得贫困群体在参与经济活动过程中获得更多好处。基于这一理论，提出了生态扶贫理论，从经济增长的性质中解决贫困问题，认为只有提高扶贫资源的配置效率，使贫困人口从经济增长中分到更多的好处，才能最终实现经济增长、生态良好、农民增收的共享发展结果。

绿色增长理论。绿色增长是相对传统增长理论中，只强调经济增长而忽视增长中对环境造成的破坏行为的纠正，指的是"经济的增长和发展必须建立在防止进一步环境破坏、气候变化、生物多样化丧失和以不可持续的方式使用自然资源"，基于这一理论，提出了"绿色扶贫"方式，即追求贫困地区的经济与生态协调发展，有利于减贫的绿色增长，从单纯的经济物质发展转为人的全面发展。

以上三个具体理论把生态建设与扶贫有效结合，通过绿色发展、增长的途径促进区域经济增长、生态增强、农民增收的目的。生态扶贫理论为林业生态扶贫政策后续的建议提供了研究的方向。

3. 系统科学理论[①]

系统科学是以系统为研究对象的理论和应用开发的学科组成，是除了社会科学、自然科学、数学科学以外的一个新的学科，系统科学既可以解决一个学科、一个部门、一个地区、一个国家的系统问题，又可以解决跨学科、跨部门、跨地区、跨国家的系统问题。通过从研究系统工程和系统分析入手来探讨其局限性与克服方法，

---

① 徐彦平：《西部县域政府扶贫开发政策执行效果实证研究》，《兰州大学》2015 年第 6 期。

对于林业生态扶贫政策评价具有深刻的指导意义。

系统科学知识体系的结构可以分为三部分：一是系统的基础理论。从生物学角度出发，贝塔朗菲创立了一般系统论；从物理学角度出发，普利戈金和布鲁塞尔学派提出了耗散结构理论；从化学出发，H.哈肯倡导协同论，他们通过不同学科来探讨共同的系统理论——系统学。二是系统的技术科学。指的是综合运用运筹学、系统方法和计算科学技术。运筹学包括搜索理论、库存理论、排队论、网络技术、数学规划以及博弈论等。系统方法指的是研究和处理关于系统整体联系问题的一般科学方法论。贝塔朗菲将系统定义为相互作用的诸元素的复合体。系统指的是由有相互作用与依赖关系的要素构成的具有特定功能的整体。现代科学研究认为，由于世界是由物质、能量、信息组成的，因此，系统可以定义为物质、能量和信息相互作用和有序化运动的产物。从系统与外界的关系看，和外界有物质、能量和信息交换的系统是开放系统，反之为封闭系统；从系统和人的关系上看，能够改变其状态的系统称为可控系统，否则为不可控系统。

由于林业生态扶贫政策体系是由众多相互联系的指标构成的开放的、可控的系统，因此在指标的选择与确认上需要应用系统科学的理论来指导，为后续林业生态扶贫政策评价提供支撑。

4. 生态经济理论

美国经济学家肯尼迪·鲍尔丁（1966）通过论述利用市场机制控制人口、调节资源合理利用、优化消费品分配、治理环境污染等首次提出了"生态经济学"的概念，建立"生态经济协调理论"。Costanza（1989）提出，经济和生态的关系是当前人类面临的可持续发展问题的根源所在，而生态经济学的研究可以解决这一问题。综上所述，生态经济学主要是针对目前人类社会面临的可持续发展问题，综合包括经济学、系统论、生物学、物理学、综合生态学等不同学科的思想，继承拓展了福利经济学、新制度经济学等领域的优秀成果，引入能量流、价值流、信息流等相关原理，来探讨经济社会如何能与生态系统协调，实现可持续发展的科学研究。其一般以生态经济系统及其内部各子系统、要素之间的相互作用与制约关系的演变规律为研究对象，将其看作具有内在相互作用关系的有机统一体，不仅是经济社会系统能够影响到生态系统的运用，其内部的各次级系统及其构成要素也发生着交互关系，任何一个环节的变化都会引起连锁反应。通过生态经济学从整体看待生态、经济与社会的发展演变，能够有效避免过去仅仅追求经济社会效益而带来的损失。

林业生态扶贫政策体系构建涉及的内容众多，在政策执行过程中还涉及林业生态扶贫政策效果的评价，其效果可能涉及多方面，如经济的、福利的、生态的、社会的等多方面，但是如果构建在一个统一的系统中就需要生态经济理论来指导研究工作。

（三）研究进展

1. 国外研究进展

国外学者从不同的角度对贫困问题也进行了深入浅出的研究，对"生态扶贫"的研究也由来已久。早在1992年的环境与发展大会上，联合国就把环境问题安排到重要议程，就彻底改变传统发展观念与各国达成有效共识。由于国内外文化、发展理念的差异，国外学者很少通过生态来治理贫困，大多数学者通过制度、人口等具体问题来改善贫困问题。因此，国外学者多以亲贫式增长理论、绿色减贫理论为基础展开对生态扶贫的研究。同样地，对于生态扶贫的研究也适用于林业生态扶贫的研究。

Chenery 和 Ahluwalia（1974）构建形成了一个重点突出再分配增长利益的增长再分配模型（redistribution with growth）。该模型被许多研究学者认为是亲贫式增长理论的源头。联合国（United Nations）与经济合作与发展组织（OECD）先后在2000年和2001年对亲贫式增长理论做出广义定义，即有益于穷人的增长。但是该定义并没有解释清楚贫民到底从这种利益增长中获得多少才算是亲贫的。此前这些学者对亲贫式增长理论定义的实质与"偏向穷人"的字面意思有所出入，其实这种增长还是滴漏式增长。Kakwani 和 Son（2008）[①] 将亲贫式增长理论进行了完整综合的定义，认为该增长理论在重视减少贫困的前提下，更多关注的是穷人获得更多的增长利益。从《千年生态系统评估》（*Millennium Ecosystem Assessment*）的研究数据显示，减少贫困、饥饿与疾病的主要障碍是自然生态系统功能的下降，如水质发生污染、生物多样性受到破坏等。如果生物圈和生态系统提供的各项服务都对自然生态系统失去了作用，人类文明将止步不前。

从导致绝对贫困的原因看，森林的过度砍伐以至于林产品和服务供应不足、耕地退化、农林减产等现象导致贫困的发生。而农林产品市场不完善、推广力度不足以及政府政策保障缺位等原因使私人部门参与率极低。因此，各国通过税收、贷款等政策来鼓励私人部门参与，这些政策对于缓解环境压力、减轻贫困、实现生态经济的协调发展有显著成效。一直以来，众多学者对林业的研究都是基于贫困和不平等的背景下，国外学者对林业扶贫保障政策的研究主要从定量方面展开。Chomba 等（2015）[②] 利用对 NgareNdare 社区林业协会的实地调查数据研究了肯尼亚社区森林制度中地方赋权的种类和程度，结果显示：林业政策在赋予地方权力的同时集中了立法权和控制权，而社区林业制度在多大程度上为社区权力下放做出了贡献还存在疑问。

综上所述，国外对于林业生态扶贫政策的研究，更多集中于林

[①] Nanak Kakwani, Hyun H. Son. Poverty Equivalent Growth Rate [J]. Review of Income and Wealth, 2008, 54 (4).

[②] Susan Chomba, Thorsten Treue, Fergus Sinclair. The political economy of forest entitlements: can community based forest management reduce vulnerability at the forest margin? [J]. Forest Policy and Economics, 2015, 58.

业、生态、贫困等相互独立的研究，综合研究相对较少，国外学者很少通过生态来治理贫困，大多学者通过制度、人口等具体问题来改善贫困问题，对发展中国家贫困问题的解决进行了有益的探索，并得出了有效的结论。

2. 国内研究进展

国内学者对林业生态扶贫进行了一定的探索，如徐彦平（2015）[①]从经济基础、人文发展、生产生活环境出发，构建了由3个一级指标、17个二级指标组成的政策评价指标体系，运用时序主成分分析法对甘肃省会宁县的扶贫政策效果进行系统评价。金旭东（2015）[②]从效率、政策回应度、公平性、可持续发展和效益五个维度出发，设24个二级指标因子构建以公共政策评价标准为导向的扶贫开发政策评价体系，并运用时序主成分分析法对西北民族地区县域扶贫开发绩效进行评估。段妍珺（2016）[③]从扶贫投入指标和扶贫产出指标出发，构建了由2个一级指标、4个二级指标以及11个三级指标组成的精准扶贫指标体系，其中二级指标包括扶贫资金指标、精准扶贫指标、政策减贫指标和社会减贫指标，运用因子分析结合数据包络法来进行分析。胡善平等（2017）[④]从资源投入、过程管理、绩效考核出发，构建了一套由3个一级指标、10个二级指标以及48个三级指标，使用专家主观赋值和德尔菲法确定各指标的权重，对于中国特色精准扶贫指标体系的构建起到了积极的指导和促进意义。胡善平等（2017）[⑤]从资源投入、过程管理、绩效考核出发，构建了一套由3个一级指标、10个二级指标以及48个三级

[①] 徐彦平：《西部县域政府扶贫开发政策执行效果实证研究》，《兰州大学》2015年第6期。

[②] 金旭东：《西北民族地区县域扶贫开发绩效评估》，《兰州大学》2015年4期。

[③] 段妍珺：《贵州省精准扶贫绩效研究》，《贵州大学》2016年第6期。

[④] 胡善平、杭珂：《中国特色社会主义精准扶贫绩效考核指标体系构建研究》，《牡丹江师范学院学报》（哲学社会科学版），2017年第2期。

[⑤] 胡善平、杭珂：《我国精准扶贫绩效考核指标体系构建研究》，《桂海论丛》2017年第33期。

指标，使用专家主观赋值和德尔菲法确定各指标的权重，对安徽省S县精准扶贫评估进行了实务检验，基于实务工作的经验积淀和反馈，总结了精准扶贫绩效考核指标体系适用方面存在的实体性、程序性阻隔因素，提出了下一步修订应注意的事项。戴莹（2017）[1]从扶贫工作人员、扶贫对象、扶贫管理制度出发，构建了3个一级指标、8个二级指标和29个三级指标组成精准扶贫工作绩效考核指标体系，首先采用层次分析法确定精准扶贫考核指标的权重，再采用模糊综合评价法对精准扶贫工作绩效进行评估。龙海军等（2017）[2]基于"人—业—地"综合分析框架，从生计资本、可行能力、产业脆弱性、产业包容性、地理资本、社会排斥出发，构建了"人—业—地"综合减贫的精准扶贫政策评价指标体系，以两个集中连片特困区典型贫困村为个案进行了对比分析。公梓安（2017）[3]按照系统分类、指标分类、指标项三级结构，构建甘肃省生态脆弱与贫困指标体系，该体系从环境评价系统和贫困评价系统两个一级指标出发，由自然评价指标、人类活动指标、贫困评价指标、经济发展指标和社会保障指标5个二级指标以及21个三级指标构成，通过耦合模型对甘肃省14市生态脆弱进行研究。薛佃欣（2017）[4]从扶贫开发与减贫目标、社会经济发展能力、人力资本发展能力与资源出发，根据指标体系的构建原则和内容以及综合指标选取的SMART原则，构建基于绿色发展的城镇反贫困政策绩效评估体系，该体系由5个一级指标、28个二级指标构成。李鹤（2017）[5]从精准识别、精准帮扶、社会效益、基础设施效果和减贫

---

[1] 戴莹：《精准扶贫工作绩效考核的指标体系的构建与运用》，《劳动保障世界》2017年第14期。

[2] 龙海军、丁建军：《"人—业—地"综合减贫分析框架下的精准扶贫政策评价——两个典型贫困村的对比分析》，《资源开发与市场》2017年第33期。

[3] 公梓安：《甘肃省生态扶贫对策研究》，《兰州大学》2017年第5期。

[4] 薛佃欣：《城镇化进程中城镇反贫困政策绩效评估及绿色发展对策》，《贵州财经大学》2017年第3期。

[5] 李鹤：《云南省红河州精准扶贫绩效评价研究》，《云南农业大学》2017年第4期。

效益出发，构建了一套由 5 个一级指标以及 15 个二级指标组成的精准扶贫绩效评价体系，使用 AHP 法和专家评判法确定各指标的权重，对云南省红河州精准扶贫进行了评估。魏名星等（2017）[1] 分别从精准识别、精准帮扶、精准管理 3 个维度，构建了扶贫绩效评价指标体系，并依据 AHP 法对选取的指标予以赋权，同时，对该指标的可操作性在河北省 2016 年度的扶贫绩效评价中予以了实证。李苗等（2017）[2] 以新发展理念为基本出发点和依据，从创新发展、协调发展、绿色发展、开放发展、共享发展出发，选取对中央财政专项扶贫资金的管理使用予以绩效评价的各项指标，构建了一套由 5 个一级指标、15 个二级指标的指标体系，运用层次分析法进行指标赋权，从而系统构建中央财政专项扶贫资金绩效评价指标体系。曾勇（2017）[3] 从政策的相关性、扶贫效率、扶贫效果和可持续发展能力出发，构建了一套由 4 个一级指标、35 个二级指标组成的扶贫协作绩效指标体系，对沪滇对口帮扶项目绩效进行评价。

温雅馨等（2018）[4] 从政策宣传、帮扶对象瞄准、政策落实度、企业效益出发，构建了 4 个一级指标和 14 个二级指标组成的政策绩效指标，基于层次分析法的模型和思想，对杨凌示范区"扶贫超市"政策绩效进行研究。肖玉青（2018）[5] 从供方、需方两个角度，结合健康扶贫体系的三个维度，应用政策评价的六个评价标准，对建档立卡贫困户在健康保障政策、公共卫生政策、医疗救治政策的效果、效率、效益、公平性、契合度以及回应性进行全面评价，建立了健康扶贫政策效果评价指标，根据设计指标间的两两比较组成

---

[1] 魏名星、李名威、杨美赞：《绩效评价视角下河北省精准扶贫指标体系的构建与实践分析》，《安徽农业科学》2017 年第 45 期。
[2] 李苗、崔军：《中央财政专项扶贫资金绩效评价指标体系构建》，《行政管理改革》2017 年第 10 期。
[3] 曾勇：《中国东西扶贫协作绩效研究》，《华东师范大学》2017 年第 5 期。
[4] 温雅馨、刘思敏、孟全省：《基于层次分析法的杨凌"扶贫超市"政策绩效研究》，《农村经济与科技》2018 年第 29 期。
[5] 肖玉青：《健康扶贫政策及其评价研究》，《福建江夏学院学报》2018 年第 8 期。

若干个矩阵，运用YAAHP层次分析法软件进行运算，进而比较不同健康扶贫医疗保障模式的政策效果。陈甲（2018）[①]从扶贫精准度、扶贫效果、扶贫可持续性3个角度，设置了由3个准则层、10个关键问题和21项具体评价指标构建的指标体系，通过运用层次分析（AHP）法对案例点的林业精准扶贫绩效进行评价，发现存在的问题，并提出对策建议。魏风劲等（2018）[②]通过定量与定性相结合的研究方法为科学、合理评估贫困村寨扶贫政策的作用和效果建立了一套评价体系，该指标体系从生计资本、可行能力、经济脆弱性、经济包容性、地理资本、社会排斥出发，构建了一套由6个一级指标和26个二级指标组成的减贫绩效评价的指标体系，聚焦于武陵山片区追高鲁村寨的"精准扶贫"成果及现状，分析其存在的问题并相应地提出改革建议。白杨等（2018）[③]在研究政府绩效评价指标体系的基础上，针对目前政府精准扶贫中面临的问题，结合4E评价理论和关键绩效指标评价方法，提出了政府精准扶贫绩效管理水平评价体系。该体系从经济、效率、效果和公平4个方面确定了26个评价指标。范丹雪（2018）[④]构建了由经济系统和生态环境系统2个一级指标，经济实力、经济效益、经济结构、生态涵养能力和生态环境响应5个二级指标以及22个三级指标组成的生态扶贫综合评价模型，根据分析临夏回族自治州数据的可获得性以及生态扶贫现状，选用2008—2014年临夏各市、县相关数据进行耦合协调度分析，从水资源、生态环境、生态移民、特色优势产业、示范区五大方面介绍了临夏州实施生态扶贫的实践情况并做出效果评价，对我国其他少数民族地区设计生态扶贫机理和评价生态扶贫绩效具有

[①] 陈甲：《林业精准扶贫绩效评价研究》，《农场经济管理》2018年第11期。
[②] 魏风劲、吴思远：《贫困村寨扶贫政策绩效评估及优化路径——基于武陵山片区追高鲁村寨的实证研究》，《知识经济》2018年第19期。
[③] 白杨、李媛媛：《政府精准扶贫绩效管理水平评价指标体系的构建研究》，《齐齐哈尔大学学报》（哲学社会科学版）2018年第4期。
[④] 范丹雪：《临夏回族自治州生态扶贫的机理与绩效研究》，《兰州大学》2018年第5期。

重要的借鉴意义。高其（2018）①通过两个方面考虑精准识别、精准帮扶、扶贫投入等因素，从产出效益上思考减贫效果、经济社会条件，最后把综合评价指标划分成精准识别、帮扶、扶贫投入、经济社会情况以及减贫成效5个准则层和17个指标层指标，创建贫困区域精准扶贫绩效评价系统，对丽江市政府精准扶贫绩效进行研究。

综上所述，我国学者对于林业生态扶贫政策的研究主要基于自己的研究领域、研究地区、知识背景等，通过构建评价指标体系，从不同的角度对林业生态扶贫政策的效果、绩效等进行综合研究，但目前还没有形成统一的研究方法、标准等。

3. 研究评述

通过国内外学者的"生态扶贫""林业扶贫""林业生态扶贫"研究成果的综合对比不难发现以下结论：

一是通过考察既往学者对林业生态扶贫政策评价含义的理解，得出三个结论：第一，评价是一个涉及政治、经济、文化、社会、自然等多个维度的多维体。并且由于每个维度之间都相互作用，因此任一维度的发展都会影响到其他维度的发展。第二，政策评价概念本身是处于不断发展与完善的过程中的，基于不同的理论体系，其评价的基准点不同。第三，林业生态扶贫政策研究的学科更多的是把人口、政策、制度等与扶贫结合研究，存在一些分歧。最初林业生态扶贫研究主要集中在林业科学、经济学领域，后来，逐步加入政治学、社会学以及历史学，如今，这一综合性的研究方法必将主导未来的研究发展。

二是对林业生态扶贫政策的评价方法研究，可以总结为以下三类：其一是系统法，通过对研究对象系统学方向的分类来逐类别制定指标，而后进行综合评价。其二是综合法，又称归类法，按照一定的标准对已经存在的指标群进行归类，体系化地构造指标。比如

---

① 高其：《丽江市政府精准扶贫绩效评价研究》，《云南财经大学》2018年第4期。

进一步归类已经拟定的指标体系，最后形成一套新的体系。其三是分析法，又叫分层法，由其可延伸为目标法。这是目前应用最多的一类方法，通过将度量对象和度量目标划分成若干部分或子系统，并逐步细分（即形成各级子系统及功能模块），直到可以用具体的统计指标来描述、实现目标对象的每一部分和侧面。

在梳理总结相关已有文献的基础上，本研究认为还存在以下两点不足：

第一，缺乏对林业生态扶贫评价指标筛选以及评价指标体系构建的定量研究。由于国内外对于林业生态扶贫的概念内涵并没有统一的标准，关注点不同，因此指标体系庞杂，涉及因素繁多；同时在指标的选取与指标体系的构建上容易受主观因素影响。

第二，缺乏对林业系统的本身的研究。国内外研究认为林业是生态扶贫的基础，把林业作为生态扶贫的一部分，并未对林业自身的绿色增长有太多涉及。评价指标之间区分度不够明显，需要有所侧重。

林业生态扶贫政策评价是一个比较宏观的研究对象，因此本研究从上述不足出发，在林业、扶贫、生态、发展相结合的基础上，对林业生态扶贫政策进行系统研究，构建林业生态扶贫政策评价指标体系，并对其评价方法进行有益的探索。

三 样本地现状与样本描述性统计分析

（一）怒江傈僳族自治州林业生态扶贫现状

1. 基本概述

怒江傈僳族自治州地处滇缅、滇印、滇藏接合部，国境线长450公里，占中缅边境线的22.3%。境内地势北高南低，南北走向的担当力卡山、高黎贡山、碧罗雪山、云岭"四山"纵列，绵延千里，独龙江、怒江、澜沧江"三江"纵贯其间，形成怒江、澜沧江、独龙江三大峡谷。全州98%以上的面积为高山峡谷，坡度在25°以上的耕地占总耕地面积的51.3%，可耕地面积少，垦殖系数不足5%，61%以上的国土面积纳入各种保护地范围，保护任务重，人地矛盾突出。全州最高海拔5128米，最低海拔738米，海拔高差大，立体气候明显。

怒江傈僳族自治州（以下简称怒江州）是全国唯一的傈僳族自治州，位于云南省西北部、怒江大峡谷腹地。州府是泸水市六库镇，同时也是一个典型的集"边疆、民族、直过、山区、贫困"为一体的自治州。辖泸水市、福贡县、贡山独龙族怒族自治县、兰坪白族普米族自治县等4个县（市）、29个乡（镇）、255个村民委员会、17个社区，总人口为54.4万。全州还有14.29万建档立卡贫困人口，贫困发生率为32.52%，为全国"三区三州"中最高，是全国平均水平的近20倍，云南省平均水平的6倍多，是云南省乃至全国脱贫攻坚战的"上甘岭"。同时,全州98%以上的国土属于高山峡谷,61%的面积纳入各种保护地范围,保护任务重,生存环境恶劣,生态环境脆弱,加上群众居住分散、山高坡陡,扶贫开发成本高、难度大,贫困问题与生态问题相互交织。

"十二五"以来,为了解决贫困与生态相互交织问题,云南省林业厅开展了以天保工程、生态效益补偿、退耕还林、陡坡地生态治理、自然保护区建设、木本油料和农村能源建设等重点林业生态扶贫脱贫工程,将怒江州的扶贫脱贫与生态建设放在突出位置,持续加大对怒江州的林业投入与扶贫脱贫力度。涉林项目投资9.81亿元,主要任务包括新一轮退耕还林还草工程、天保工程、农村能源建设、木本油料提质增效、低效林改造、林下经济、林木良种补贴、林业技术培训等项目①。该地政府将始终加大对怒江州的林业生态建设与扶贫脱贫工作倾斜支持,保证全面小康行动计划确定的林业建设任务的顺利完成。

2017年以来,党和国家政府高度重视"三区三州"林业生态扶贫脱贫攻坚工作,中共中央办公厅、国务院办公厅印发《关于支持深度贫困地区脱贫攻坚的实施意见》,在文件中明确要求:加大中央财政投入力度,加大金融扶贫支持力度,加大项目布局倾斜力度,加大易地扶贫搬迁实施力度,加大生态扶贫支持力度,加大干部人才支持力度,加大社会帮扶力度,集中力量攻关,构建起适应深度贫困地区脱贫攻坚需要的支撑保障体系。云南省党委和政府亦充分重视怒江州林业生态扶贫脱贫攻坚工作并出台了《云南省全力推进怒江州深度贫困脱贫攻坚实施方案(2018—2020年)》,文件要求在怒江州计划总投入232.52亿元,着力实施易地扶贫搬迁、产业就业扶贫、生态扶贫、健康扶贫、教育扶贫、能力素质提升、农村危房改造、贫困村提升、守土强基等"十大工程"。

---

① 中共云南省委办公厅云南省人民政府办公厅印发:《〈关于创新机制扎实推进农村扶贫开发工作的实施意见〉的通知》(云办发〔2014〕14号)。

2. 主要做法

(1) 林业扶贫工作安排部署情况

在上级林业行政管理部门和市委、市人民政府关于扶贫工作总体部署和领导下,怒江州林业局坚持不懈地在工作措施、业务指导、林业技术培训、资金筹措等多方面加大了林业生态扶贫工作的力度,扎实稳步地推进林业生态扶贫开发工作。局党组高度重视林业生态扶贫工作,将林业生态扶贫工作与本部门扶贫工作同部署、同安排,将林业生态扶贫工作与林业生态建设和林业产业发展相结合,坚持林业投资重点向贫困户、贫困人口倾斜,依托林业重点生态工程建设和林业产业发展,在改善贫困地区生态、生产、生活环境的同时,培育了一些地方特色优势产业资源,为农村脱贫致富创造了条件。2018年先后制定完善了《泸水生态脱贫规划》《泸水市深度贫困脱贫攻坚实施方案(2018—2020年)》《泸水市易地扶贫搬迁安置点后续产业发展规划》《泸水市深度贫困地区林业生态脱贫攻坚实施方案》《泸水市乡村振兴示范村实施方案》《泸水市林业局脱贫出列15村行业脱贫攻坚实施方案》,这些政策措施为确保2020年实现与全国同步进入小康社会打下了坚实的政策基础。

(2) 推动落实林业生态扶贫脱贫工程

发展新型造林主体。顺应林业发展新形势需要,在怒江州人民政府的统一领导和省、州林业部门的指导下,经泸水市人民政府审批通过了《泸水市脱贫攻坚造林扶贫专业合作社管理办法(暂行)》《泸水市脱贫攻坚造林扶贫专业合作社承担造林工程项目议标办法》。泸水市林业局审核组建林业脱贫攻坚造林扶贫专业合作社,开展造林、护林、抚林、管林等营种造林工作任务,使贫困户劳动力通过劳务获取工资和分红收益。截至2019年12月22日,全市共组建脱贫攻坚造林扶贫专业合作社36家,纳入社员832人,其中建档立卡贫困户599人,非建档立卡贫困户233人。组织开展了泸水市第一批10家脱贫攻坚造林专业合作社扶持对象、4家州级示范社的评审工作。到2018年11月止,全市造林专业合作社通过实施完成重点示范样板林及常规造林建设联结基地面积1.6083万亩,带动建档立卡贫困户社员收入201.6万元,带动非建档立卡贫困户收入88.2万元。

实施生态保护与修复工程。怒江州积极贯彻落实国家《森林法》和关于加快林业发展的决定,依法依规保护生态公益林资源,维护区域生态安全,创新森林生态效益补偿机制,落实森林资源管护面积388.38万亩、公益林生态管护面积69.59万亩(其中,国家级54.93万亩、省级14.66万亩),完成69.59万元森林生态效益补偿资金兑现及公益林监测工作,完善了全州1927名生态护林员的管理。招聘20名天保工程专职信息员,落实2019年度1143名生态护林员的选聘任务——为1143名建档立卡贫困户提供了生态公益就业岗位。在实施新一轮退耕还林还草工程过程中,从保护和改善生态环境出发,将易造成水土流失的坡耕地有计划、有步骤地停止耕种,因地制宜植树造林,恢复森林植被。在退耕还林项目建设中,泸水市林业局明确了领导挂乡镇包片区联系、专业技术员分乡镇挂地块技术负责制,同时明确了2018年林业项目样板林实施各项技术规定、2018年林业项目常规造林和巩固退耕还林成果造林项目实施技术规定、2018年巩固退耕还林成果项目核桃提质增效实施技术规定和标准,为新一轮退耕还林项目顺利实施提供政策依据。全年安排新增退耕还林还草任务4.01万亩(示范样板林1万亩)、整改巩固退耕还林还草成果任务3.97万亩,生态治理(花谷建设)任务1万亩(示范样板林0.1万亩)造林任务。确定了9家脱贫攻坚造林扶贫专业合作承建重点示范样板林的造林及管护任务,并在建设资金未到位的情况下由企业全额垫支实施。截至2018年11月底,全市共落实重点示范样板林7264.6亩,已种植7264.6亩;落实新增退耕还林、常规造林31110.1亩,已经完成种植14745亩;落实巩固整改提高退耕还林13438.5亩,已种植9664.2亩。

开展"怒江花谷"生态建设工程。2018年,一是依托退耕还林完成"怒江花谷"生态建设样板林种植7264.6亩;二是以经济果木、叶子花为主要造林树种，完成三河村公路两侧路域绿化16公里；三是完成上江冷水沟至六库城南加油站公路两侧花卉产业建设及生态修复绿化工程58.4公里，以蓝花楹、叶子花为主要造林树种，共完成蓝花楹种植6702株和叶子花种植3661株；四是完成老窝镇中、小学6个点校园绿化、美化建设，其中种植凤凰木24株、紫薇24株、黄金榕80株、红绒球80株、毛娟60株以及草种播撒36市斤；五是全市完成零星种植叶子花24600株、桃树2000株、樱花200株、花椒2000株。

实施林业生态产业建设工程。2018年底前，完成招商引资项目推荐20个，固定资产投资2亿元；组织核桃提质培训5期，参训人员180人次；组织申报并通过省级审查农业综合开发项目2个。有序推进怒江绿色香料园区建设工作，组建规划设计工作组，编制完成《怒江绿色香料产业规划设计方案》。编制完成《泸水市核桃提质增效实施方案（2018—2020年）》，2018年11月底完成核桃提质增效1530亩。

开展林业生态扶贫政策宣传。2018年，泸水市林业局共有26名干部职工参加了省、州、市与脱贫攻坚有关的技术、政策及业务培训。积极发放扶贫脱贫攻坚宣传册，共向市林业局干部职工发放《泸水市林业局脱贫攻坚林业生态扶贫政策》宣传册104份；向全市9乡镇发放《泸水市林业局脱贫攻坚林业生态扶贫政策》宣传册22000份。组织全局109名干部职工开展了"脱贫攻坚林业生态扶贫政策"考试、90名干部职工开展了"全市脱贫攻坚政策"考试。

开展驻村结对帮扶活动。2018年，由泸水市林业局党组书记、局长带队深入全市各乡（镇）、挂联古登乡俄夺罗村宣传脱贫攻坚相关惠农惠民政策7次，制作发放傈汉双语政策宣传册2.2万册；组织开展建档立卡贫困户拥有林地面积、退耕还林面积、林果面积、生态补偿金、生态护林员数据比对工作；撰写有关问责督查专题整改报告30余份；开展脱贫"百日攻坚"行动，引进4家企业到俄夺罗村驻村发展产业助推脱贫，如肖志军、田原重楼种植20

亩，共带动100户建档立卡贫困户；张正凯、凯峰公司与该村合作种植厚朴、黄金200亩，带动100户建档立卡贫困户；和卫林中蜂养殖1000箱，带动100户建档立卡贫困户；白芨种植60亩，带动70户建档立卡贫困户，发动外出打工100人，种植梨子500亩。排查扶贫领域作风建设薄弱环节问题并进行整改、开展"户户清、村村实"工作；协调、联系、指导林业局驻古登乡俄夺罗村驻村工作队的各项驻村工作任务。为挂联古登乡俄夺罗村自然村配备了高音喇叭16个，功放机8台，U盘8个，利用上午和下午时间用傈汉双语播放脱贫攻坚、林业生态扶贫等政策和森林防火条例、林地管理办法等相关林业法律法规，通过宣传，群众对脱贫攻坚政策、林业生态扶贫政策和林业法律法规有了新认识，思想得到了大转变。局党总支、各支部与村党支部签订了《结对共建责任书》，57名党员与375户建档立卡贫困户结成对子。市林业局深刻剖析林业行业扶贫情况，认真开展"六个反思"，总结经验、查找不足、砥砺前行。

（二）阿坝藏族羌族自治州林业生态扶贫现状

1. 基本概述

阿坝藏族羌族自治州，四川省辖自治州，紧邻成都平原，全州地表整体轮廓为典型高原，地势高亢，境内垂直气候显著；辖1县级市、12县，总面积84242平方公里；2017年常住人口94.01万人。阿坝藏族羌族自治州境内有世界自然遗产九寨沟、黄龙及卧龙、四姑娘山大熊猫栖息地等世界级旅游景区。有马尔康卓克基土司官寨、松岗直波碉楼（含羌寨碉群）、松潘古城墙、壤塘棒托寺、错尔机寺、营盘山和姜维城遗址、日斯满巴碉房、阿坝州红军长征遗迹等全国重点文物保护单位。阿坝藏族羌族自治州地层出露，受龙门山古陆和古海湾阻隔，形成两大地层分区。地质构造总属四川省西部地槽区，并处在东部地台区与西部地槽区的梯级过渡带——

龙门山褶断带上，由丘状高原面和分割山顶面组成。平均海拔在3500～4000米。山势南高北低，河谷地势西北高、东南低，山川呈西北至东南走向。境内最高海拔四姑娘山主峰6250米，与东侧岷江出境处水平距离仅59公里，高差却达5470米。全州高原和山地峡谷约各占一半。高原包括高平原、丘状高原、高山原。山地峡谷主要有低中山、中山、高山、极高山和山原，其间分布平坝或台地。

阿坝藏族羌族自治州境内垂直气候显著，冬季寒冷而漫长，夏季北部温凉、南部温热且短暂，大部分地区春秋季相连，干雨季分明。光照充沛，昼夜温差大，无霜期短。冬春季节空气干燥，多阵性大风，旱、霜、雪、低温、大雪各类灾害性天气频繁。全州属于高原季风气候，分高山、山原、高山河谷三种气候类型。全州平均气温为9.3℃，较常年同期（8.2℃）偏高1.1℃；年总降水量平均为704.9毫米，较常年（665.1毫米）偏多6%；日最大降水量出现在马尔康卓克基镇，为65.8毫米；年日照时数1920.5小时，较历年（1981.4小时）偏少3%。阿坝藏族羌族自治州有溪河530余条，分属岷江、嘉陵江、涪江、大渡河和黄河水系。境内江河纵横。黄河在阿坝州流经165公里。长江上游四川境内的主要支流岷江、嘉陵江、涪江均发源于阿坝州。

阿坝藏族羌族自治州委、政府印发《阿坝州打赢打好三年脱贫攻坚战实施方案》。根据方案，阿坝藏族羌族自治州计划三年总投资90亿元以上，实施生态、产业、住房、就业、教育、健康、基础设施、政策保障等十大脱贫攻坚行动，实现13个深度贫困县（市）全部"摘帽"、606个贫困村全部退出、10.36万名贫困人口全部脱贫。《阿坝藏族羌族自治州农村"十三五"脱贫攻坚规划（2016—2020年）》文件要求在按照"四年集中攻坚、一年巩固提升"的总要求，从2016年起，确保阿坝藏族羌族自治州每年平均减少贫困村150个以上、贫困人口2万人以上，到2020年，全面消除绝对贫困，确保现行标准下阿坝藏族羌族自治州7.4万贫困人口稳定脱贫，606个贫困村全部"销号"，13个贫困县（市）全部"摘帽"，与全国、全省同步全面建成小康社会。阿坝藏族羌族自治州农牧民人均可支配收入增长幅度高于全省平均水平，基本公共服务主要领域指标接近全省平均水平，社会保障全覆盖，让贫困群众"不愁吃、不愁穿、不愁学、不愁医，住房、教育、医疗、出行有保障"，实现贫困群众"好房子、好身子、好日子，物质富裕、精神富足"的"三好两富"生产生活业态。

2. 主要做法

（1）高位推动林业生态扶贫工作

阿坝藏族羌族自治州委、政府始终高度重视扶贫开发工作，特别是党的十八大以来，在灾后恢复重建、牧民定居行动计划、大骨节病综合防治取得明显成效的基础上，继续坚持把脱贫攻坚放在全面建成小康社会的全局高度来谋划和推进，以"连片性贫困稳定脱贫、群体性贫困有效脱贫、个体性贫困持续脱贫、特殊性贫困同步脱贫"为新阶段扶贫脱贫工作思路，突出从脱贫致富向全面发展转变、从单元扶贫向连片扶贫开发转变、从常规扶贫向精准扶贫转变、从"单项输血"向"多维造血"转变、从政府主导向多位一体转变的扶贫工作导向，以基础建设为关键，以产业发展为途径，以生态保护为支撑，以新村建设为载体，以能力提升为根本，实行阿坝藏族羌族自治州全域扶贫、全程扶贫、全员扶贫。

（2）实施脱贫攻坚的林业生态工程

森林生态资源保护与治理。大力实施天然林资源保护二期、退耕还林工程。在开展国有森林管护工作中，2016年阿坝县选聘建档立卡贫困人员5人（1480元/人·月）、2017年选聘40人（800元/人·月）、2018年选聘40人（800元/人·月），资金来源天保二期管护资金，禁止天然林商品性采伐，每年实施国有森林管护面积299.39万亩，实施集体所有公益林生态补偿12.11万亩；加大森林防火监测预警体系建设，取得了连续37年无重大森林草原火灾的成绩。大力实施国家重点生态功能区转移支付资金项目。2010—2018年纳入国家重点生态功能区转移支付资金项目16个，项目总投资

21616万元，完成种苗基地、防火工程、防护林、绿色长廊、湿地保护与恢复、川西北高原生态脆弱区综合治理等工程。按照《四川省人民政府办公厅关于扶持发展脱贫攻坚造林专业合作社的意见》（川办发〔2018〕11号），阿坝县还制定印发了《阿坝县扶贫攻坚造林专业合作社管理办法（试行）》及《阿坝县扶贫攻坚造林专业合作社造林项目评议办法（试行）》，评议选定了9个脱贫攻坚造林专业合作社实施营造林、抚育管护等，合作社施工部分合同总额为290.12万元，涉及阿坝县建档立卡贫困户172户，786人，人均增收0.37万元；

实施草原生态资源保护工程。大力实施草原生态保护补助奖励政策和草原鼠虫害治理、草原生态建设工程，完成第一轮草原补奖工作任务，继续实施第二轮草原奖补政策，2011—2018年阿坝县实施草原禁牧355万亩、草畜平衡717.8万亩、落实生产资料综合补贴和牧草良种补贴12045户，累计兑现各类补助资金34915.75万元，农牧民群众在保护中受益，完成草场超载减畜47万个羊单位；完成草原鼠害防治195万亩，草原虫害防治130万亩，杀灭效率达85%以上；完成人工饲草地建植及草地改良30万亩，退化草原补播39万亩；加快推进舍饲棚圈、划区轮牧围栏等草原生态保护项目建设，草原生态环境恶化的势头得到有效遏制。

加大湿地生态资源保护。以自然保护区及湿地公园建设为载体，加强湿地资源保护与管理，划定州级严波也则野生动植物自然保护区11.68万公顷、省级曼则塘湿地自然保护区16.587万公顷、省级莲宝叶则湿地公园3668.49公顷、国家级多美林卡湿地公园2584.23公顷。

加大沙化土地治理修复。实施川西北的沙化治理工程，共投资2599万元，通过植灌种草、鼠害防治、围栏安装、施肥等沙化治理草场2.33万亩，投资1463万元治理2.25万亩中度沙化土地，项目区沙化土地植被得到逐步恢复，水土流失得到减轻，水源涵养能力逐步提高。全县草原禁牧管护区植被覆盖率平均84%，植被高度平均 27 厘米,鲜草产量 458 公斤/亩;草畜平衡区植被盖度平均 79%,植被高度平均 12 厘米,鲜草产量 255 公斤/亩,草地生产能力增强,草原生态环境逐步改善。阿坝县林地从 271 万亩增加到 313 万亩,森林蓄积从 2045 万立方米增加到 2058.8 万立方米,森林覆盖率从 17.20% 增加到 19.85%。

(3) 发展林业生态旅游

立足资源优势,深入贯彻"创新、协调、绿色、开放、共享"发展理念,按照"全景、全业、全时、全民"模式,推进全域旅游"三态"融合、"三微"联动,推动全域旅游全方位规划、多产业融合、多元化发展,加大资金投入,加快旅游业开发建设步伐。截至 2018 年底,开发运营景区 2 个(莲宝叶则景区成功通过省级生态旅游示范区现场评定,神座景区为四川省 4AS 旅游景区),建设旅游扶贫示范村 3 个(各莫乡雄哇村、安斗乡派克村、安羌乡安羌村),规划县域旅游线路 1 条(中阿坝环线),旅游从业人员 3200 余人。至 2018 年底,阿坝县共接待游客 57.01 万人次,实现旅游收入 4.41 亿元。

(三) 样本家庭描述性统计分析

1. 家庭户主基本信息

贫困户性别特征:针对受访建档立卡贫困户户主性别这一问题的调查结果显示,贫困户户主男性所占的比例相对较大,占比为 83.54%;而女性贫困户户主仅占比 16.46%。由此可见,怒江州和阿坝州的贫困户户主多以男性为主,见表 3-1。

表 3-1　贫困户户主性别情况分布结果 (N=79)

户主性别	男	女
占比 (%)	83.54	16.46

贫困户民族特征：针对受访建档立卡贫困户户主民族情况这一问题的调查结果显示，受访的建档立卡贫困户户主中，傈僳族占比为36.71%；汉族占比21.52%；白族与藏族所占比重相差不大，分别为15.19%、18.99%；怒族在此次调研中仅占比为7.59%。由此可见本次调研中建档立卡贫困户户主的民族以傈僳族与汉族居多，藏族与白族其次，怒族在本次调研中相对较少，见表3-2。

表3-2　　　　贫困户户主民族情况分布结果（N=79）

户主民族	傈僳族	白族	怒族	汉族	藏族
占比（%）	36.71	15.19	7.59	21.52	18.99

贫困户年龄特征：针对贫困户户主年龄特征这一问题的调查结果显示，受访的建档立卡贫困户户主年龄大多集中在31~60岁，其中31~40岁与41~50岁的人数所占比重相同，均为26.58%；51~60岁的建档立卡贫困户户主占比25.32%；60岁以上和30岁以下的建档立卡贫困户户主相对较少，60岁以上的建档立卡贫困户户主占比13.92%；而30岁及以下的贫困户户主仅占比7.6%。综上所述，怒江傈僳族自治州和阿坝藏族羌族自治州受访建档立卡贫困户户主多为青壮年及中年，年龄集中在31~60岁，见表3-3。

表3-3　　　　贫困户户主年龄情况分布结果（N=79）

户主年龄	30岁及以下	31~40岁	41~50岁	51~60岁	60岁以上
占比（%）	7.6	26.58	26.58	25.32	13.92

贫困户文化程度特征：针对贫困户户主文化程度特征这一问题的调查结果显示，受访建档立卡贫困户户主的文化程度普遍是初中及以下，文化程度在初中以上的情况在本次调研中没有出现；其中小学及以下的人数所占比重相对较大，为63.29%；而户主文化程

度为初中水平的情况仅占比36.71%。由此可知,阿坝藏族羌族自治州和怒江傈僳族自治州的受访建档立卡贫困户户主整体文化程度偏低,见表3-4。

表3-4　　　　户主文化程度情况分布结果（N=79）

户主文化程度	小学及以下	初中	初中以上
占比（%）	63.29	36.71	0

贫困户婚姻状况特征：针对贫困户户主婚姻状况这一问题的调查结果显示,受访建档立卡贫困户户主的婚姻状况相对稳定,其中已婚人群所占比重最大,为74.68%；未婚占比10.13%；离异仅占比2.53%；丧偶占比6.33%；其他情况占比6.33%。总体而言,受访建档立卡贫困户户主婚姻多为已婚状态,少部分户主目前是未婚状态,离异或丧偶的情况比较少见,见表3-5。

表3-5　　　　户主婚姻状况分布结果（N=79）

户主婚姻状况	已婚	未婚	离异	其他	丧偶
占比（%）	74.68	10.13	2.53	6.33	6.33

2. 家庭基本情况分析

家庭建档立卡人数特征：针对贫困户家庭建档立卡人员其他家庭成员人数这一问题的调查结果显示,建档立卡人员其他家庭成员人口数为1~3人与4~5人所占比重相对较大,分别占比32.91%和41.77%；其次是建档立卡人员其他家庭成员人口数为6~8人,占比17.72%；而建档立卡人员其他家庭成员人口数为0的情况仅占比7.6%。由此可知,阿坝藏族羌族自治州和怒江傈僳族自治州的受访建档立卡贫困户家庭成员建档立卡人员其他家庭成员人数较多,家庭条件较差,见表3-6。

表3-6　建档立卡人员其他家庭成员人数分布结果（N=79）

建档立卡人员其他家庭成员人数（人）	0	1~3	4~5	6~8
占比（%）	7.6	32.91	41.77	17.72

家庭劳动力人数特征：对家中劳动力人口数进行相关统计数据分析可知，家中劳动力人口数大多是2人，家中劳动力人口数为1人、3人或4人的情况均少于家中劳动力人口数为2人的情况，而家中劳动力人口数为0人或是5人的情况则很少见。家中劳动力人口数为2人的情况占比44.30%，家中劳动力人口数为1人的情况占比18.99%，家中劳动力人口数为3人的情况占比16.45%，家中劳动力人口数为4人的情况占比10.13%，而家中劳动力人口数为0人和5人的情况分别仅占比6.33%和3.80%，见表3-7。

表3-7　家中劳动力人口数分布结果（N=79）

家庭劳动力（人）	0	1	2	3	4	5
占比（%）	6.33	18.99	44.30	16.45	10.13	3.80

家庭外出劳动力人数特征：对家庭外出劳动力人数进行相关统计数据分析可知，常年外出打工人口数为0人的情况是普遍存在的，占比74.68%；外出打工的家庭有20户，而在这20户中，常年外出打工人口数为1人的家庭占比较大，有14户，占样本总数的17.72%；常年外出打工人口数为2人的情况偏少，有5户，占样本总数的6.33%；而常年外出打工人口数为3人的情况就更少了，仅有1户，占样本总数的1.27%。由此可见，本次调研区域中，大部分贫困户还是选择在家务农，外出打工的家庭较少，见表3-8。

表 3-8　　　　常年外出打工人口数分布结果（N=79）

外出务工人数（人）	0	1	2	3
占比（%）	74.68	17.72	6.33	1.27

家庭常年在家务农人数特征：对家庭常年在家务农的人数进行相关统计数据分析可知，在样本贫困户中，常年在家务农人口数大多是 2 人，常年在家务农人口数为 1 人的情况少于常年在家务农人口数为 2 人的情况，而常年在家务农人口数为 0 或是 3 人的情况相对较少，常年在家务农人口数为 4 人、5 人或 6 人的情况则更加少见。常年在家务农人口数为 2 人的情况占比 43.04%，常年在家务农人口数为 1 人占比 22.78%，常年在家务农人口数为 3 人占比 11.39%，常年在家务农人口数为 0 人的情况占比 10.13%，而常年在家务农人口数为 4 人、5 人和 6 人的情况分别仅占比 5.06%、3.80%、3.80%，见表 3-9。

表 3-9　　　　常年在家务农人口数分布结果（N=79）

务农人数（人）	0	1	2	3	4	5	6
占比（%）	10.13	22.78	43.04	11.39	5.06	3.80	3.80

家庭收入来源特征：通过对受访建档立卡贫困户的家庭收入来源包含内容调研统计分析可知，针对是否有来源于种植业收入的调查资料统计分析显示，有 64.56% 的贫困户含有来源于种植业的收入，35.44% 的贫困户不含来源于种植业的收入。针对是否含有获得来源于养殖业收入的调研统计分析表明，有 20.25% 的受访建档立卡贫困户含有来源于养殖业的收入，79.75% 的受访建档立卡贫困户不含来源于养殖业的收入。针对是否含有获得来源于本地（本县、乡镇）务工收入的调查资料分析显示，有 29.11% 的受访建档立卡贫困户含有来源于本地（本县、乡镇）务工的收入，70.89%

的贫困户不含来源于本地（本县、乡镇）务工的收入。针对是否含有获得来源于省内其他市、县务工收入的调查资料分析显示，有8.86%的受访建档立卡贫困户含有来源于省内其他市、县务工的收入，约为91.14%的受访建档立卡贫困户不含来源于省内其他市、县务工的收入。针对是否含有获得来源于省外其他市、县务工收入的调查资料统计分析显示，有27.85%的受访建档立卡贫困户含有来源于省外其他市、县务工的收入，另有72.15%的受访建档立卡贫困户不含来源于省内其他市、县务工的收入。针对贫困户是否含有获得来源于政府提供的生活保障资金收入的调查显示，已有37.97%的受访建档立卡贫困户含有来源于政府提供的生活保障资金的收入，还有62.03%的受访建档立卡贫困户不含来源于政府提供的生活保障资金的收入。针对是否含有获得来源于政府提供的扶贫资金收入的调查显示，已有20.25%的受访建档立卡贫困户含有来源于政府提供的扶贫资金的收入，另有79.75%的受访建档立卡贫困户不含来源于政府提供的扶贫资金的收入，见图3-1。

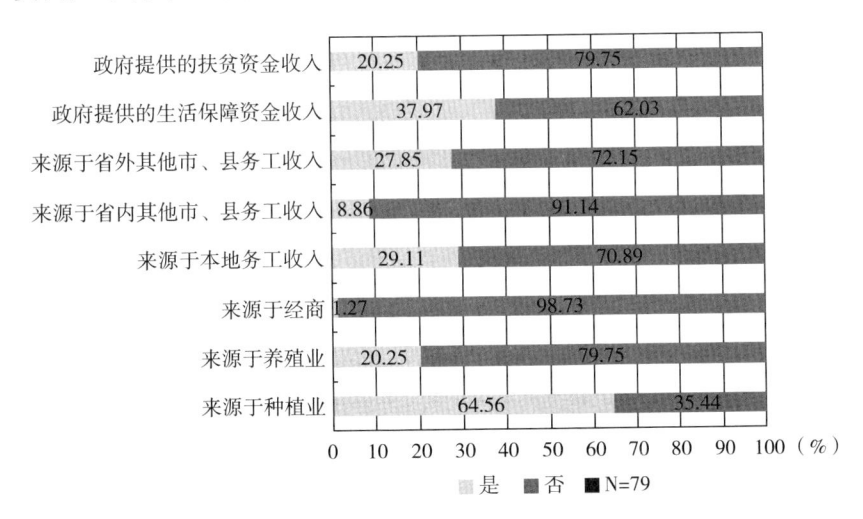

图3-1 家庭收入来源包含内容统计结果（N=79）

家庭收入来源构成特征：通过针对贫困户种植、养殖、经商等经营性年度净收入的调研统计分析可知，在参与种植、养殖、经商等经营性活动中，有近48.08%的受访建档立卡贫困户所取得的收入低于5000元，另有21.15%的受访建档立卡贫困户能取得5001~10000元的收入，还有7.69%的受访建档立卡贫困户取得高于10000元低于15000元的净收入。仅有23.08%的受访建档立卡贫困户取得的净收入大于15000元。针对种植、养殖、经商等经营性净收入的调查显示，在参与务工、上班等获取工资性活动中，约为28%的受访建档立卡贫困户获得的务工、上班等工资性收入在5000元以下，还有46%的受访建档立卡贫困户获得的务工、上班等工资性收入为5001~10000元，另有12%的受访建档立卡贫困户获得的务工、上班等工资性收入有10001~15000元，仅有14.00%的受访建档立卡贫困户通过务工、上班等能取得多于15000元的收入。针对土地租金、征地、财政和信贷资金分红等财政性收入的调查显示，能取得这一部分收入的贫困户较少且收入都在5000元以下。针对受访建档立卡贫困户获得政府补贴、亲友给钱等转移性收入的调查显示，收入在5000元以下的约占34.68%，收入在5001~10000元的占26.53%，收入在10001~15000元的较少仅有10.20%，在15000元以上的占比28.57%，见表3-10。

表3-10　　　　　　　家庭收入来源构成统计结果

家庭收入来源（元）	≤5000	5001~10000	10001~15000	>15000
经营性净收入（%）(N=52)	48.08	21.15	7.69	23.08
工资性收入（%）(N=50)	28.00	46.00	12.00	14.00
财产性收入（%）(N=8)	100.00	0.00	0.00	0.00
转移性收入（%）(N=49)	34.68	26.53	10.20	28.57

注：经营性收入包含种植、养殖、经商收入；工资性收入包含务工、上班收入；财产性收入包含土地租金、征地、财政和信贷资金分红收入；转移性收入包含政府补贴、亲友给钱。

建档立卡以来家庭收入特征：针对建档立卡以来家庭收入的变化这一问题进行相关统计数据分析可知，有近93.22%的受访建档立卡贫困户家庭收入有着明显增加；而有 6.78% 的受访建档立卡贫困户表示建档立卡以来，家庭收入变化不明显。综上所述，建档立卡确实增加了贫困家庭的收入，有助于改善贫困户的生活质量，见图 3-2。

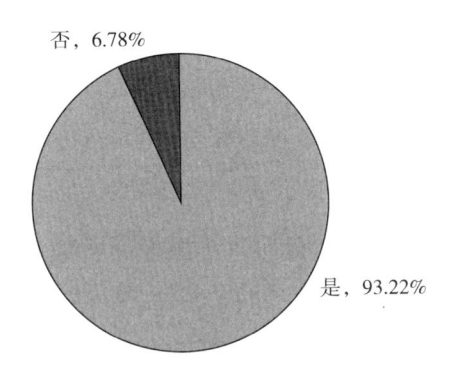

图 3-2　建档立卡以来家庭收入是否明显增加统计结果（N=59）

3. 家庭林业基本特征[①]

家庭林地特征：通过对贫困户家庭是否有林地的调查显示，有 90.60% 的受访建档立卡贫困户家庭有林地，9.40% 的受访建档立卡贫困户家庭没有林地。综上所述，调查区域中大部分受访建档立卡贫困户家庭中都有林地，没有林地的家庭较少，见表 3-11。

表 3-11　　　　　　家庭有无林地统计结果（N=117）

家庭林地（有/无）	有	没有
占比（%）	90.60	9.40

在表 3-11 中 90.60% 的有林地的受访建档立卡贫困户中，家庭林地面积在 10 亩以下的受访建档立卡贫困户较多，占 46.43%，家庭林地面积在 10~20 亩之间的受访建档立卡贫困户占 21.43%，

---

① 数据来源于林业专项扶贫问卷。

家庭林地面积在20亩以上的受访建档立卡贫困户占32.14%；其中家庭拥有林地面积最小的仅有1亩，拥有林地面积最大的为449亩，极差较大为448亩，说明受访建档立卡贫困户家庭林地面积相差较大，平均面积为31.47亩，见表3-12。

表3-12　　　　　　家庭林地面积分布结果（N=84）

家庭林地面积（亩）	≤10	10~20	>20
占比（%）	46.43	21.43	32.14

家庭林地树种特征：通过对家庭是否有公益林的调查显示，有近62.07%的贫困户家庭有公益林，约为37.93%的受访建档立卡贫困户家庭没有公益林；进一步在家庭中有公益林的受访建档立卡贫困户中分析可知，约有44.00%的受访建档立卡贫困户拥有公益林林地面积范围在10亩以下，另有16.00%的受访建档立卡贫困户家庭公益林林地面积范围10~20亩，还有12.00%的受访建档立卡贫困户拥有公益林林地面积范围20~30亩，剩余28.00%的受访建档立卡贫困户拥有公益林林地面积范围在30亩以上；受访建档立卡贫困户拥有公益林面积最大的为600亩，最小的仅为0.3亩，平均面积为42.69亩。综上所述，受访建档立卡贫困户拥有公益林的贫困户偏多，并且其面积大部分在10亩以下，但是其极差较大，说明较分散，见图3-3和表3-13。

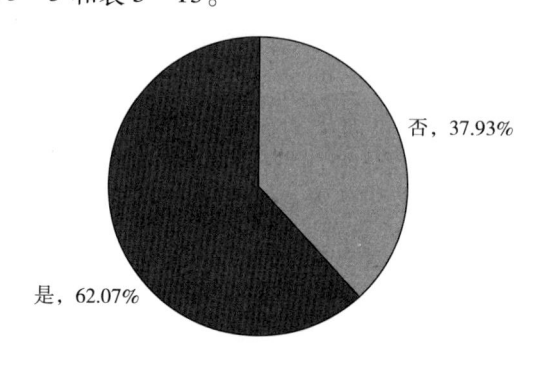

图3-3　家庭是否有公益林统计结果（N=116）

表 3-13　　　　　　　家庭林地树种面积分布结果

家庭林地面积（亩）	≤10	10~20	20~30	>30
公益林（%）（N=50）	44.00	16.00	12.00	28.00
商品林（%）（N=24）	62.50	16.67	12.50	8.33

针对贫困户家庭是否有商品林这一问题的调查研究显示，有近 25.86% 的受访建档立卡贫困户拥有商品林，另有 74.14% 的受访建档立卡贫困户没有商品林；进一步对在家庭中有商品林的受访建档立卡贫困户分析可知，有近 62.50% 的受访建档立卡贫困户拥有商品林面积在 10 亩以下，另有 16.67% 的受访建档立卡贫困户拥有商品林面积介于 10~20 亩之间，还有 12.50% 的受访建档立卡贫困户拥有商品林面积介于 20~30 亩之间，剩余 8.33% 的受访建档立卡贫困户拥有商品林面积达到 30 亩以上；受访建档立卡贫困户拥有商品林面积最大的为 58 亩，最小的仅为 2 亩，平均面积为 13.37 亩。综上所述，本次调查中，拥有商品林的受访建档立卡贫困户较少，其面积大都在 10 亩以下，见图 3-4 和表 3-13。

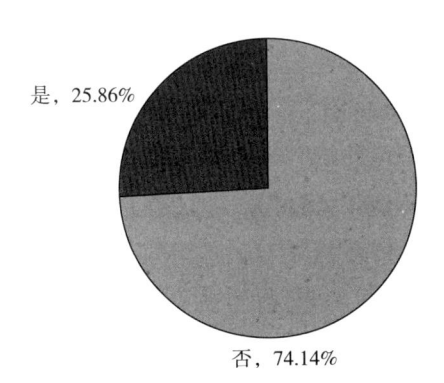

图 3-4　家庭是否有商品林统计结果（N=116）

家庭在公益林下发展林下经济特征：通过对贫困户家庭是否在公益林下发展林下经济的调研统计分析可知，约有 14.53% 的受访建档立卡贫困户家庭在公益林下发展林下经济，有近 85.47% 的受访建档立卡贫困户家庭没有在公益林下发展林下经济。综上可知，在公益林下发展林下经济的受访建档立卡贫困户家庭较少，说明有较少的受访建档立卡贫困户家庭能够利用林下经济来增加家庭收入，见图 3-5。

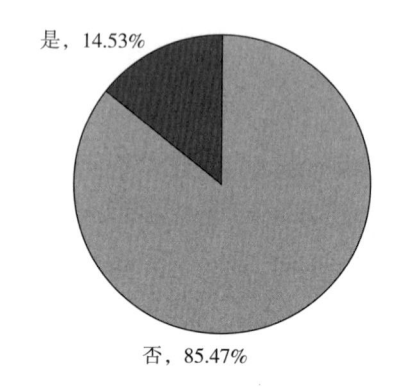

图 3-5　家庭是否在公益林下发展林下经济统计结果（N=117）

通过对贫困户家庭在公益林下发展林下经济面积占比的调研统计分析显示，约有 33.34% 的受访建档立卡贫困户家庭在公益林下发展林下经济面积在 5 亩以下，另有 22.22% 的受访建档立卡贫困户家庭在公益林下发展林下经济面积 5~10 亩，还有 11.11% 的受访建档立卡贫困户家庭在公益林下发展林下经济面积为 10~15 亩，约为 11.11% 的受访建档立卡贫困户家庭在公益林下发展林下经济面积 15~20 亩，剩余 22.22% 的受访建档立卡贫困户家庭公益林面积达到 20 亩以上；在公益林下发展林下经济最大的面积为 6500 亩，最小的为 3.7 亩，其平均值是 732.63 亩。综上可知，受访建档立卡贫困户在公益林中发展林下经济的面积集中在 5 亩以下，并且极差较大，最大值为 6500 亩远远超过平均值和最小值，分布不均匀，见表 3-14。

表3-14　　　受访建档立卡贫困户家庭在公益林下
　　　　　　发展林下经济面积分布结果（N=9）

林下经济面积（亩）	≤5	5~10	10~15	15~20	>20
占比（%）	33.34	22.22	11.11	11.11	22.22

家庭林地林龄特征情况：通过对是否拥有商品近熟林的调查分析结果显示，有9.40%的受访建档立卡贫困户家庭拥有商品近熟林，另有90.60%的受访建档立卡贫困户家庭没有商品近熟林；进一步对拥有商品近熟林的9.40%受访建档立卡贫困户家庭进行分析可知，其中42.86%的受访建档立卡贫困户家庭拥有商品近熟林地在5亩以下，另有28.57%的受访建档立卡贫困户家庭拥有商品近熟林地为5~10亩，还有28.57%的受访建档立卡贫困户家庭商品近熟林地在10亩以上；家庭拥有商品近熟林最大面积为12亩，最小的为2亩，其平均值为7.43亩。综上可知，在此次调查中，拥有商品近熟林的受访建档立卡贫困户较少，并且大部分近熟林面积在5亩以下，分布较为均匀，见图3-6与和3-15。

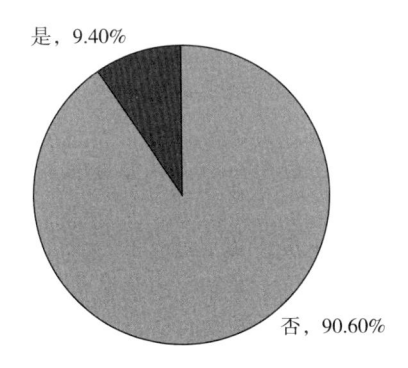

图3-6　家庭拥有商品近熟林统计结果（N=117）

表 3-15　　　　　　家庭林地林龄面积分布结果（N=7）

林龄分类（亩）	≤5	5~10	>10
家庭商品近熟林地（%）	42.86	28.57	28.57
家庭商品成熟林地（%）	57.14	28.57	14.29

　　针对受访建档立卡贫困户家庭是否拥有商品成熟林的调查结果显示，约有7.69%的受访建档立卡贫困户家庭拥有商品成熟林，另有92.31%的受访建档立卡贫困户家庭没有商品成熟林；进一步对拥有商品成熟林的7.69%受访建档立卡贫困户进行分析可知，有近57.14%的受访建档立卡贫困户家庭拥有商品成熟林地面积在5亩以下，另有28.57%的受访建档立卡贫困户家庭拥有商品成熟林地面积为5~10亩，剩余14.29%的受访建档立卡贫困户家庭拥有商品成熟林地面积达到10亩以上；拥有商品成熟林最大面积为30亩，最小的为2亩，其平均值为8.81亩。综上可知，在此次调查中，拥有商品成熟林的受访建档立卡贫困户较少，并且一半以上的成熟林面积集中在5亩以下，只有很少一部分是大于10亩的，见图3-7和表3-15。

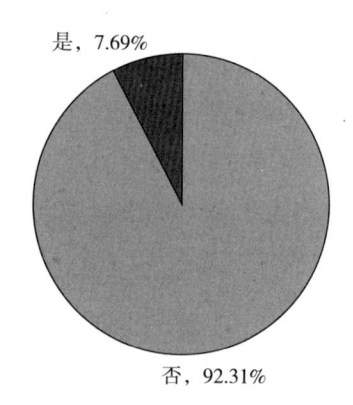

图 3-7　家庭拥有商品成熟林统计结果（N=117）

三 样本地现状与样本描述性统计分析 | 55

家庭林地区位特征：通过对怒江傈僳族自治州和阿坝藏族羌族自治州贫困户的家庭是否拥有较近村庄或公路的商品林的调查数据统计分析显示，约有81.2%的受访建档立卡贫困户家庭未拥有较近村庄或公路的商品林；在此次对家庭是否拥有较远村庄或公路的商品林的调研中，数据显示约有93.16%的受访建档立卡贫困户家庭没有较远村庄或公路的商品林；综上所述，大多数的受访建档立卡贫困户家庭都没有较近或较远村庄或公路的商品林，见图3－8和图3－9。

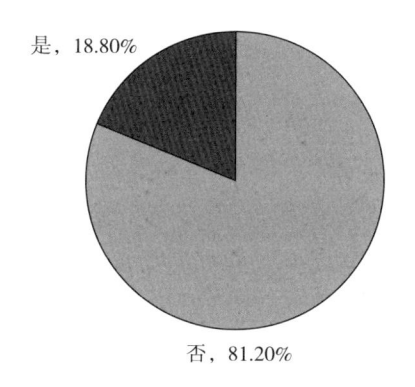

图3－8 较近村庄或公路的商品林统计结果

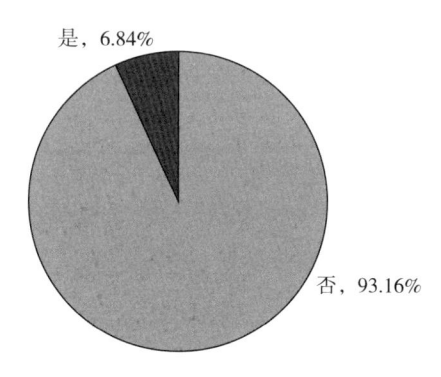

图3－9 较远村庄或公路的商品林结果（N=117）

家庭林业收入特征：通过对家庭是否有林业收入的调查数据研究显示，约有76.92%的受访建档立卡贫困户家庭中有林业收入，受访建档立卡贫困户家庭没有林业收入的占比23.08%。由此可见，大部分受访建档立卡贫困户均有林业收入，见图3-10。

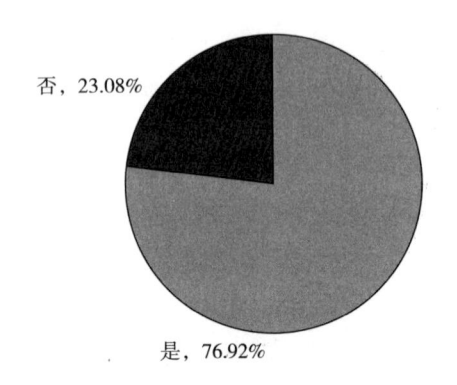

图3-10　家庭是否有林业收入统计结果（N=117）

通过进一步对家庭中有林业收入的76.92%的受访建档立卡贫困户进行调研统计分析，32.53%的受访建档立卡贫困户近三年家庭林业收入范围在8000元到10000元之间，其次是近三年家庭林业收入范围在12000元以上的受访建档立卡贫困户占比20.48%，近三年家庭林业收入范围在2000元及以下的占比为15.66%，近三年家庭林业收入范围在10000元到12000元之间的受访建档立卡贫困户所占比为12.05%，近三年家庭林业收入范围在6000元到8000元之间的受访建档立卡贫困户所占比为10.84%，近三年家庭林业收入范围在2000元到4000元之间的受访建档立卡贫困户所占比为7.23%，近三年家庭林业收入范围在4000元到6000元之间的受访建档立卡贫困户所占比为1.20%，由此统计结果可知近三年受访建档立卡贫困户家庭林业收入大多在8000元到10000元的水平，家庭林业收入范围在4000元到6000元的受访建档立卡贫困户相对较少，见表3-16。

表 3-16　　　　家庭林业收入范围分布结果（N=83）

范围（元）	≤2000	2000~4000	4000~6000	6000~8000	8000~10000	10000~12000	>12000
占比（%）	15.66	7.23	1.20	10.84	32.53	12.05	20.48

家庭参与林业工程获得生态收入特征：调研统计数据分析可知，因为参加林业生态工程而未取得补偿收入的受访建档立卡贫困户所占比重为45.3%；而参加林业生态工程取得公益林补偿收入的受访建档立卡贫困户所占比重是54.7%，其中，有近28.30%的受访建档立卡贫困户取得公益林补偿收入为200元/年及200元/年以下，约有20.76%的受访建档立卡贫困户取得公益林生态补偿收入介于200~400元/年之间，另有15.09%的受访建档立卡贫困户获得公益林生态补偿收入在400元/年到600元/年之间，受访建档立卡贫困户取得公益林生态补偿收入介于600元/年到800元/年之间的所占比为3.77%，受访建档立卡贫困户取得公益林生态补偿收入在800元/年到1000元/年之间的所占比为7.55%，此外还有24.53%的受访建档立卡贫困户取得公益林生态补偿收入达到1000元/年以上。由此可知，怒江傈僳族自治州和阿坝藏族羌族自治州贫困户获得公益林生态补偿收入大多在400元/年以下，较少的怒江傈僳族自治州和阿坝藏族羌族自治州贫困户能获得公益林生态补偿收入达到600元/年以上，见图3-11和表3-17。

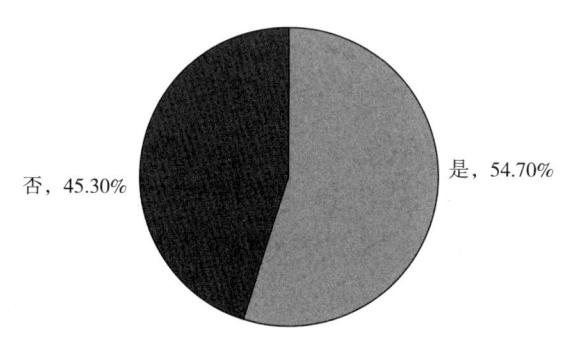

图 3-11　是否有公益林补偿收入统计结果（N=117）

表 3-17　　公益林生态补偿收入分布结果（N=53）

范围（元/年）	≤200	200~400	400~600	600~800	800~1000	>1000
占比（%）	28.30	20.76	15.09	3.77	7.55	24.53

分析退耕还林生态补偿收入的调研统计数据表明，因未参加退耕还林生态工程而未取得生态补偿收入的受访建档立卡贫困户占被调查对象的 38.46%；通过参加退耕还林生态工程而取得生态补偿收入的受访建档立卡贫困户约占 61.54%，其中，取得退耕还林生态补偿收入 1000 元/年及 1000 元/年以下的受访建档立卡贫困户为 32.26%，约有 27.42% 的受访建档立卡贫困户取得退耕还林生态补偿收入为 1000~2500 元/年，还有 9.68% 的受访建档立卡贫困户获得退耕还林生态补偿收入为 2500~4000 元/年，另有 16.13% 的受访建档立卡贫困户取得退耕还林生态补偿收入为 4000~5500 元/年，此外，还有 1.61% 的受访建档立卡贫困户获得退耕还林生态补偿收入 5500~7000 元/年以及 1.61% 的受访建档立卡贫困户取得退耕还林生态补偿收入为 7000~8500 元/年，剩余 11.29% 的受访建档立卡贫困户获得退耕还林生态补偿收入达到 8500 元/年以上。由此可知，多数受访建档立卡贫困户获得退耕还林生态补偿收入在 1000 元及 1000 元/年以下，见图 3-12 和表 3-18。

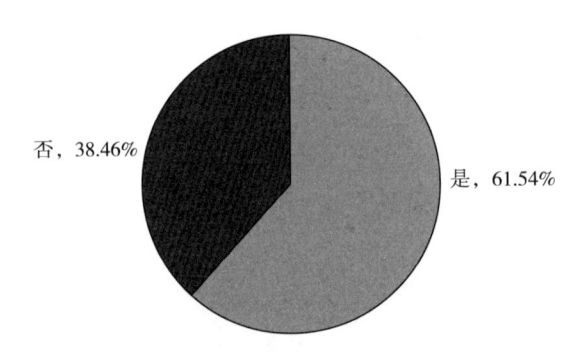

图 3-12　是否有退耕还林补偿收入统计结果

表 3-18　　退耕还林补偿收入分布结果

范围（元/年）	≤1000	1000~2500	2500~4000	4000~5500	5500~7000	7000~8500	>8500
占比（%）	32.26	27.42	9.68	16.13	1.61	1.61	11.29

通过分析受访建档立卡贫困户参与天保工程取得生态补偿收入的调研统计数据分析可知，因未参加天保工程而未取得生态补偿收入的受访建档立卡贫困户约占75.21%；通过参与天保工程而取得生态补偿收入的受访建档立卡贫困户只占24.79%，其中，约有18.75%的受访建档立卡贫困户因参与天保工程取得生态补偿收入为6000元/年及6000元/年以下，另有18.75%的受访建档立卡贫困户因参与天保工程取得生态补偿收入介于6000~8000元/年，还有56.25%的受访建档立卡贫困户因参与天保工程获得生态补偿收入为8000~10000元/年，还有6.25%的受访建档立卡贫困户参与天保工程取得生态补偿收入达到10000元/年及10000元/年以上。由此可知，大多数怒江傈僳族自治州和阿坝藏族羌族自治州贫困户参与天保工程而取得生态补偿收入在8000元/年及10000元/年以下，只有较少怒江傈僳族自治州和阿坝藏族羌族自治州贫困户因参与天保工程获得生态补偿收入达到10000元/年及10000元/年以上，见图3-13和表3-19。

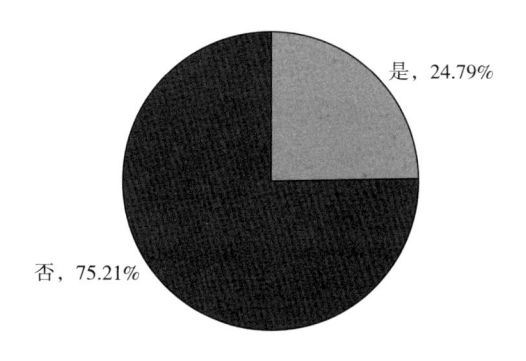

图 3-13　是否有天保工程补偿收入统计结果

表3-19　　　　　　　天保工程补偿收入统计结果

范围（元/年）	≤6000	6000~8000	8000~10000	>10000
占比（%）	18.75	18.75	56.25	6.25

林业产业发展满意度特征：分析调研数据表明，约有84.62%的受访建档立卡贫困户对政府发展林业产业感到满意，只有15.38%的受访建档立卡贫困户不满意政府发展林业产业。由此表明，怒江傈僳族自治州和阿坝藏族羌族自治州贫困户对政府发展林业产业还是比较满意的，说明林业产业发展能够积极地带动贫困户脱贫，见图3-14。

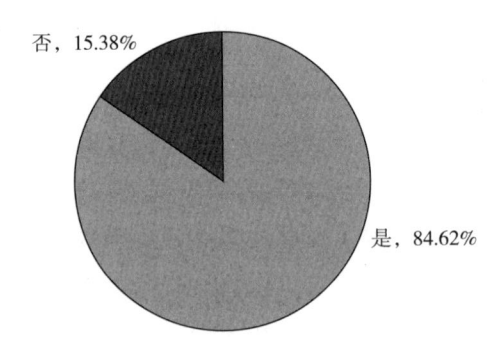

图3-14　林业产业发展满意度统计结果（N=117）

四 林业生态扶贫模式对比分析

在怒江傈僳族自治州、阿坝藏族羌族自治州开展林业生态扶贫政策执行效果调研过程中发现,林业生态扶贫的方式很多,如种植经济林木（花椒、核桃、果树等）、提供生态公益性岗位（护林员、护河员等）、提供小额林业贷款给贫困户支持贫困户发展相关产业或渡过临时难关。为了更好帮助贫困户脱贫,政府还为每个村庄配备了扶贫帮扶工作队帮助村庄及贫苦户解决扶贫脱贫过程中碰到的问题。此外,为了正确指导扶贫脱贫工作,国家及各级政府还出台了《中共中央国务院关于打赢脱贫攻坚战的决定》《"十三五"脱贫攻坚规划》与《生态扶贫工作方案》等政策文件。本研究重点对怒江傈僳族自治州、阿坝藏族羌族自治州实施的产业扶贫、就业扶贫、小额信贷与驻村干部帮扶四种主要林业生态扶贫的方式进行重点的分析研究。

（一）产业扶贫

产业扶贫是指以市场为导向,以经济效益为中心,以产业发展为杠杆的扶贫开发过程,是促进贫困地区发展、增加贫困户收入的有效途径,是扶贫开发的战略重点和主要任务。产业扶贫是一种内生发展机制,目的在于促进贫困个体（家庭）与贫困区域协同发展,根植发展基因,激活发展动力,阻断贫困发生的动因。调研地——怒江傈僳族自治州、阿坝藏族羌族自治州针对产业扶贫有相同的措施，也有不同的地方。

1. 政策措施

怒江傈僳族自治州产业扶贫的主要举措：依托和发挥怒江生态资源禀赋优势，突出生态、特色、优质的特色产业，将资源优势转化为产业优势、经济优势。争取国家政策、项目支持和提供科技支撑，引进龙头企业、搭建市场平台，高位推动，综合协调和整合资金、项目，在保证生态效益的前提下，积极发展适合在怒江种植市场需求旺盛、经济价值高的木本油料和香料作物，建设林特产品标准化基地，大力发展特色林产业，让绿水青山真正转化成金山银山，确保人民群众持续稳定增收。

一是扩大乡土树种种植面积。进一步优化全州特色林经济林产业基地建设，加强技术指导和培训，进行规范化、规模化种植，扩大漆树、花椒种植面积，建设特色经济林产业基地10万亩，其中种植漆树5万亩，花椒5万亩。目前，全州核桃种植面积突破208万亩，漆树种植面积达31万亩，已形成了以核桃、漆树为重点的特色林业经济产业种植基地，面积趋于饱和，但管理粗放，产品质量差、产量低，经济效益不明显，急需提质增效。

二是对乡土树种进行提质增效改良。坚持以深度贫困村为重点，坚持规模实施、连续实施，对长势、产量、质量未达正常水平的核桃、漆树等木本油料特色林产业优先安排项目资金扶持，实现对贫困户特色经济林产业提质增效全覆盖。

三是提高乡土树种经营管理水平。通过加强技术措施，遵循标准化、规范化管理，采取改品种、移大树、补大苗、重修剪、施大肥、重中耕的方法，提高经营管理水平，实现特色经济林产业的稳产高产，农民稳定增收。通过提质增效投资，增加群众劳动收入。计划实施60万亩特色经济林提质增效，其中核桃50万亩；漆树10万亩。

怒江傈僳族自治州各县（市）产业扶贫方式存在一定差异，但是基本围绕经济林产业种植与新型农业经营主体培育展开。如福贡县主要发展核桃和草果，种植核桃55万亩，产量1000吨，产值1000万元；草果54.7万亩，挂果面积11万亩，盛果期面积6万亩，产量1.4万吨，产值1.12亿元；累计种植茶叶3.2万亩，产量200吨，产值1800万元。兰坪县各类经济林总面积达80.71万亩，其中，核桃总面积69万亩；青刺果总面积4.5万亩；花椒3.3万亩；漆树3.5万亩，特色水果（枇杷）0.41万亩。全县产业基地建设逐步向规模化、规范化、标准化方向发展。培育林产品加工企业（公司）11个，其中有林业产业省级龙头企业5个，林业企业从业人数达到179人。企业与贫困户签订了产品收购协议，实行订单收购，按"公司＋基地＋贫困户"的经营模式将全县大部分贫困户带动起来共同创收，原料收购覆盖全县八乡镇和周边地县，共带动贫困户8000多个，每年使当地群众增收900余万元。

阿坝藏族羌族自治州产业扶贫的主要举措：阿坝藏族羌族自治州积极培育林下种植、林下养殖等多形式的林下经济，加快推进现代林业产业发展，提升林业助农增收水平，切实发挥好林业助力脱贫攻坚的积极作用。

一是狠抓重点产业基地建设。因地制宜地开展区域优良品种的选育推广和培育改造，科学布局产业基地，合理安排建设规模，促进产业基地提质增量。计划新建核桃、中药材基地3400亩；低产改造基地4500亩，新建枫香树、四川牡丹等示范基地650亩；在做好基地建设的同时积极引导社会主体在林下种植中药材，养殖野猪和跑山鸡等畜禽，优化利用林地资源，形成"林上有果，林下种养"的立体林业产业。

二是补齐林产品加工短板。阿坝藏族羌族自治州目前林产品总产量达16717吨，总量在不断增加，但林产品加工企业只有11家，林产加工发展不足，已成为制约林业产业发展的一大瓶颈。州政府将采取"引进、培育"的方式，以开发特色性、功能性加工产品为突破口，加快推进林产品深加工，提高林产品附加值，带动全州林业产业发展。

三是发挥林业助农脱贫作用。林业产业具有投资小、收益高、带动面广等特点,其中木本油料产业、林下养殖业等已逐渐成为推动部分高半山区群众脱贫增收的一项特色优势产业和绿色富民产业。结合生态扶贫和产业扶贫工作的推进,积极鼓励高半山贫困群众大力发展林下经济,开发生态旅游,引导42个"千村万景"生态旅游重点村开展乡村生态旅游,将资源优势转化为产业优势,发挥林业助推脱贫攻坚的助力作用。同时将生态文明建设和脱贫攻坚工作有机结合,因地制宜开展产业扶持和技术培训,通过建设产业示范基地和发展产业脱贫致富带头人等方式,以点带面,辐射带动农民群众致富增收,为脱贫攻坚提供新的契机,注入新的活力。

阿坝藏族羌族自治州各县产业扶贫存在差异,主要是在发展特色经济林产业和发展生态旅游业上下功夫,不断增加贫困户收入。如理县发展特色经济林实现增收,群众通过发展核桃、花椒、李子、樱桃等特色优势经济林实现年增收1500万元以上的目标。县政府大力发展林下养殖等产业实现年增收500万元以上的目标,还大力发展绿色产业,促进羊肚菌栽植示范、经果林栽植,中蜂、藏香猪、跑山鸡、野鸡养殖等林业产业项目落实,辐射带动群众发展绿色林业产业,达到增收致富的目的。阿坝县大力发展旅游业,开发运营景区2个(莲宝叶则景区成功通过省级生态旅游示范区现场评定,神座景区为四川省4AS旅游景区),旅游扶贫示范村3个(各莫乡雄哇村、安斗乡派克村、安羌乡安羌村),县域旅游线路1条(中阿坝环线),旅游从业人员3200余人。2018年接待游客57.01万人次,实现旅游收入4.41亿元,有效地增加了贫困户家庭收入。

2. 发展路径

(1) 资金和实物

根据产业发展资金来源调研数据统计分析结果显示,从调研整体上看,近47.14%的受访建档立卡贫困户认为他们获得资金或实物支持发展产业,获得的资金或实物基本用于发展种植和养殖业,如种植核桃、花椒等经济林或进行养猪产业,且增收稳定;还有

52.86%的受访建档立卡贫困户尚未获得资金或实物支持发展产业，是构建林业生态扶贫脱贫长效机制建设的重要障碍。从怒江傈僳族自治州看，约为62.22%的受访建档立卡贫困户认为他们获得资金或实物支持发展产业，还有37.78%的受访建档立卡贫困户认为他们尚未获得资金或实物支持发展产业。如此表明，怒江傈僳族自治州贫困户获得资金或实物支持来发展产业的比例较大，高于调研整体15.08个百分点。从阿坝藏族羌族自治州看，只有20%的受访建档立卡贫困户认为他们获得资金或实物支持发展产业，另有80%的受访建档立卡贫困户认为他们尚未获得资金或实物支持发展产业。与总体相比，阿坝藏族羌族自治州贫困户获得资金或实物支持发展产业比重小，大约低于整体27.14个百分点，见图4-1。

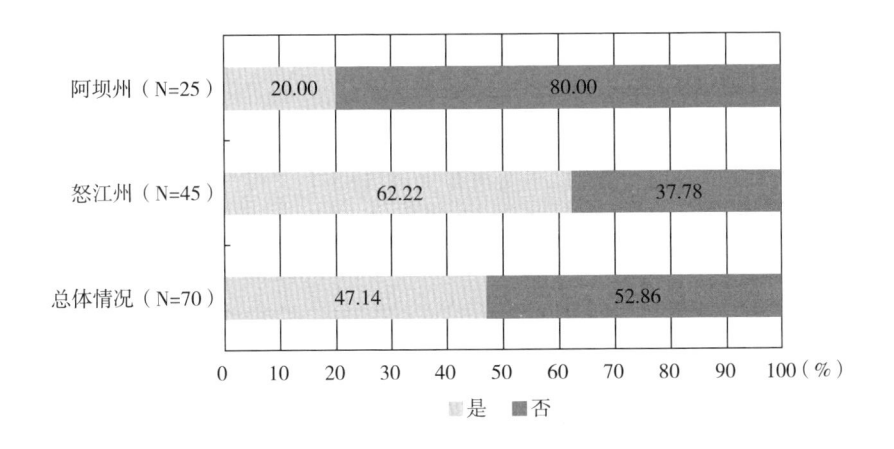

地区	是	否
阿坝州（N=25）	20.00	80.00
怒江州（N=45）	62.22	37.78
总体情况（N=70）	47.14	52.86

图4-1 是否获得资金或实物支持来独立发展产业统计结果

（2）新型经营主体

根据企业、合作社、大户等新型经营主体发展及其带动性的调研统计数据分析说明，从调研整体上看，约有55.56%的受访建档立卡贫困户认为他们在企业、大户等新型经营主体的带领下发展产业，另有44.44%的受访建档立卡贫困户认为他们尚未在企业、大户等新型经营主体的带领和支持下发展产业。从怒江傈僳族自治州看，约为 51.16% 的受访建档立卡贫困户认为他们在企业、大户等新型经营主体的带领下发展产业，还有 48.84% 的受访建档立卡贫困户认为他们尚未在企业、大户等新型经营主体的带领和支持下发展产业。与总体相比，怒江傈僳族自治州的贫困户在企业、大户新型经营主体的带领和支持下发展产业的比例较小，大约低于调研整体 4.40 个百分点。从阿坝藏族羌族自治州看，约有 65.00% 的受访建档立卡贫困户在企业、大户的带领下发展产业，另有 35.00% 的受访建档立卡贫困户未在企业、大户的带领下发展产业。与总体相比，阿坝州贫困户在企业、大户的带领下发展产业比例较大，大约高于整体 9.44 个百分点，见图 4-2。

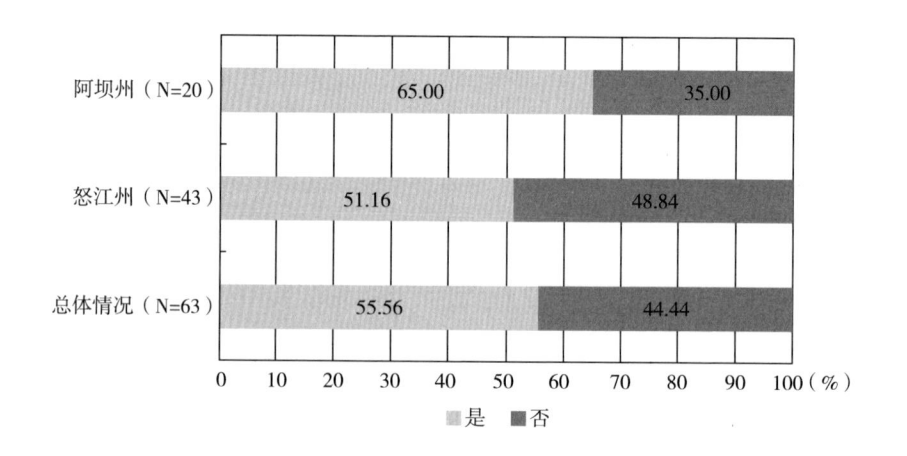

图 4-2 是否在企业、大户的带领下发展产业统计结果

从企业、大户等新型经营主体带动贫困户发展产业方式的调研统计数据分析表明，从调研整体上看，认为企业、大户等新型经营主体以技术服务方式带领发展产业的受访建档立卡贫困户约占 56.67%，认为企业、大户等新型经营主体以代购生产材料方式带领发展产业的受访建档立卡贫困户约占 31.82%，认为企业、大户等新型经营主体以代销产品方式带领发展产业的受访建档立卡贫困户占比 25.00%，认为以托管托养方式带领贫困户发展产业的受访

建档立卡贫困户占比15.00%。综上分析可知，技术服务方式和代购生产资料方式是企业、大户等新型经营主体带领贫困户发展产业的主要方式。从怒江傈僳族自治州看，认为企业、大户等新型经营主体以技术服务方式带领发展产业的受访建档立卡贫困户所占比重为88.24%，认为企业、大户等新型经营主体以代购生产材料方式带领贫困户发展产业的受访建档立卡贫困户占比70.00%，认为企业、大户等新型经营主体以代销产品方式带领贫困户发展产业的受访建档立卡贫困户约占50.00%，认为企业、大户等新型经营主体以托管托养方式带领贫困户发展产业的受访建档立卡贫困户占比37.50%。从阿坝藏族羌族自治州看，认为企业、大户等新型经营主体以技术服务方式带领贫困户发展产业的受访建档立卡贫困户约占15.38%，认为企业、大户等新型经营主体以代销产品方式带领贫困户发展产业的受访建档立卡贫困户占比8.33%，剩余受访建档立卡贫困户认为他们尚未接受企业、大户等新型经营主体提供的任何产业发展带动方式，如此说明，阿坝藏族羌族自治州的新型经营主体尚未发育完善并且带动产业发展能力较弱，见表4-1。

表4-1　　　　企业、合作社、大户带动方式统计结果

区域范围	技术服务带动（%）	代购生产材料（%）	代销产品（%）	托管托养（%）
总体情况	56.67（N=30）	31.82（N=22）	25.00（N=20）	15.00（N=20）
怒江州	88.24（N=17）	70.00（N=10）	50.00（N=8）	37.5（N=8）
阿坝州	15.38（N=13）	0（N=12）	8.33（N=12）	0（N=12）

根据企业、大户等新型经营主体带动发展后贫困户是否得到产业分红的问题调查统计数据分析显示，从调研整体上看，约有66.67%的受访建档立卡贫困户认为他们参与了企业、大户等新型经营主体带动产业发展的经营分红，另有33.33%的受访建档立卡贫困户认为他们没有参与企业、大户等新型经营主体带动产业发展的经营分红。由此可见，大部分受访建档立卡贫困户享受过新型经

营主体带领贫困户发展产业的经营分红。从怒江傈僳族自治州看，约有50.00%的受访建档立卡贫困户认为他们参与了企业、大户等新型经营主体带动产业发展的经营分红，另有50.00%的受访建档立卡贫困户认为他们尚未参与企业、大户等新型经营主体带动产业发展的经营分红。相比于调研整体，怒江傈僳族自治州受访建档立卡贫困户参与企业、大户等新型经营主体带动产业发展后的经营分红的比例偏小，大约低于调研整体16.67个百分点。从阿坝藏族羌族自治州看，约有76.92%的受访建档立卡贫困户认为他们参与了企业、大户等新型经营主体带动产业发展后的经营分红，另有23.08%的受访建档立卡贫困户认为他们尚未参与企业、大户等新型经营主体带动产业发展后的经营分红。相比于调研整体，阿坝藏族羌族自治州贫困户参与企业、大户等新型经营主体带动产业发展后的经营分红的比例偏大，大约高出总体10.25个百分点，见图4-3。

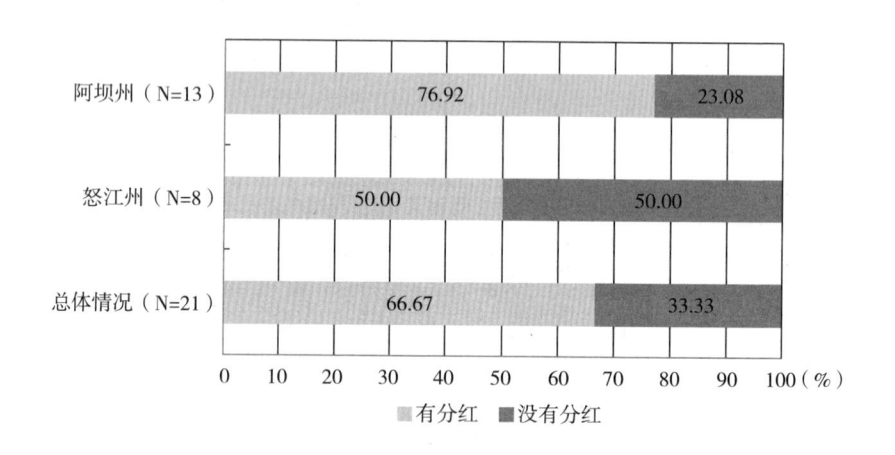

图4-3 企业、大户带动发展产业分红情况统计结果

（3）农民合作社

针对贫困户是否加入合作社问题的调研统计数据分析显示，从调研整体上看，约由72.13%的受访建档立卡贫困户加入合作社成

为社员，另有27.87%的受访建档立卡贫困户没有加入合作社成为社员。从怒江傈僳族自治州看，有近64.86%的受访建档立卡贫困户加入合作社成为社员，还有35.14%的受访建档立卡贫困户没有加入合作社成为社员。相比于调研总体，怒江傈僳族自治州受访建档立卡贫困户加入合作社成为社员的积极性还有待提高，加入比例低于调研总体7.27个百分点。从阿坝藏族羌族自治州看，约有83.33%的受访建档立卡贫困户加入合作社成为社员，另有16.67%的受访建档立卡贫困户尚未加入合作社成为社员。相比于调研整体，阿坝藏族羌族自治州受访建档立卡贫困户加入合作社成为社员的积极性比较高，大约高于调研整体11.20个百分点，见图4-4。

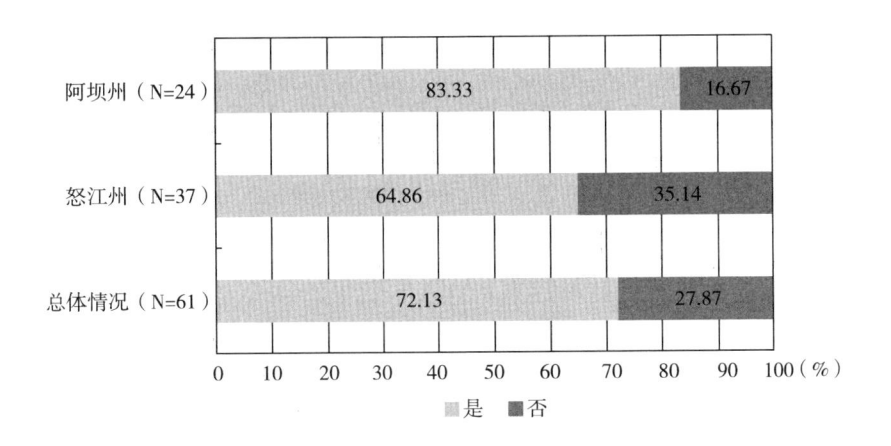

图4-4 是否加入合作社成为社员统计结果

进一步分析贫困户是否以入股方式加入合作社问题的调研数据整理分析显示，从整体看，约有55.36%的受访建档立卡贫困户入股合作社，还有44.64%的受访建档立卡贫困户尚未入股合作社。从怒江傈僳族自治州看，只有40.00%的受访建档立卡贫困户入股合作社，约有60.00%的受访建档立卡贫困户尚未入股合作社，相比于调研整体，怒江傈僳族自治州受访建档立卡贫困户入股合作社的比例偏低，比调研整体低了15.36个百分点。从阿坝藏族羌族自治州看，只有19.05%的受访建档立卡贫困户没有入股合作社，其余受访建档立卡贫困户均入股合作社。相比于调研总体，阿坝藏族羌族自治州受访建档立卡贫困户入股合作社积极性更高，见图4-5。

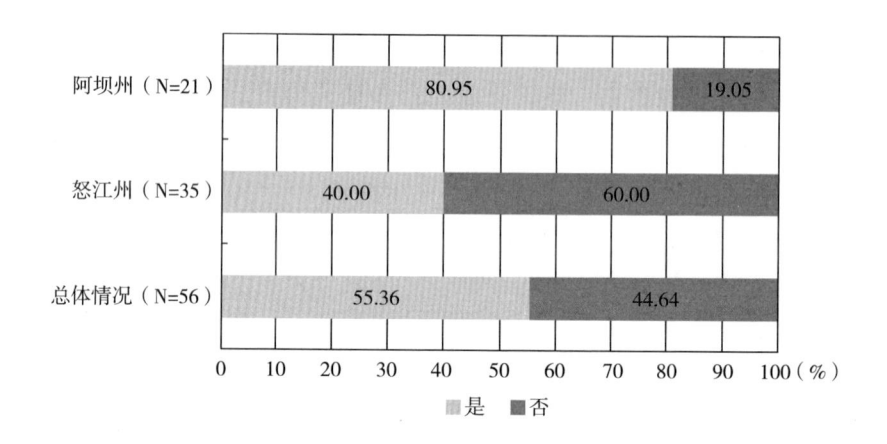

地区	是	否
阿坝州（N=21）	80.95	19.05
怒江州（N=35）	40.00	60.00
总体情况（N=56）	55.36	44.64

图4-5 是否入股合作社情况统计结果

根据合作社经营状况问题的调查研究统计数据分析显示，从调研整体上看，约有51.22%的受访建档立卡贫困户认为他们加入的合作社经营状况良好，还有26.83%的受访建档立卡贫困户认为他们加入的合作社的经营状况一般，另有2.44%的受访建档立卡贫困户认为他们加入的合作社的经营状况很差，有近2.44%的受访建档立卡贫困户认为他们加入的合作社没有经营活动，剩余17.07%的受访建档立卡贫困户不清楚他们加入的合作社经营状况。由此可见，怒江州和阿坝藏族羌族自治州的受访建档立卡贫困户加入的合作社经营状态较好，但是有近一半的合作社经营状况一般或堪忧，需要引起相关管理部门重视并为其发展出谋划策。从怒江州看，只有36.36%的受访建档立卡贫困户认为他们加入的合作社经营状况良好，约有27.27%的受访建档立卡贫困户认为他们加入的合作社经营状况一般，另有4.55%的受访建档立卡贫困户认为他们加入的合作社经营状况较差，有近 4.55% 的受访建档立卡贫困户认为他们加入的合作社没有经营活动，剩余 27.27% 的受访建档立卡贫困户不清楚他们加入的合作社经营状况。相比调研整体，怒江州农民专业合作社发展与经营前景堪忧，相比于调研整体低了 14.86 个百分点。从阿坝藏族羌族自治州看，约有 68.42% 的受访建档立卡贫困户认为他们参与的合作社的经营状况良好，还有 26.32% 的受访建档立卡贫困户认为他们加入的合作社经营状况一般，只有 5.26% 的受访者不知道合作社经营状况。相比于调研整体，阿坝藏族羌族自治州农民专业合作社经营状态较好，贫困户认为经营状况良好的比例相比于调研整体高了 17.20 个百分点。合作社良好的经营活动将会不断带动产业发展和提高贫困户家庭经济收入，由此加快促进林业生态扶贫脱贫长效机制建设，见表 4-2。

表 4-2　　　　　　　农民合作社经营状况统计结果

区域范围	好	一般	差	没有经营活动	不知道
总体情况（N=41）	51.22%	26.83%	2.44%	2.44%	17.07%
怒江州（N=22）	36.36%	27.27%	4.55%	4.55%	27.27%
阿坝州（N=19）	68.42%	26.32%	0.00%	0.00%	5.26%

分析贫困户是否参与合作社经营分红的调查研究数据显示，从调研整体看，有近 76.32% 的受访建档立卡贫困户认为他们参与了合作社经营分红，另有 23.68% 的受访建档立卡贫困户认为他们尚未参与合作社经营分红。由此可以看出，已加入合作社的受访建档立卡贫困户参与合作社经营分红的比例较高，说明怒江州和阿坝藏族羌族自治州的农民合作社不仅经营状况好，而且体现了发展合作社能带动贫困户发家致富的真正本质。从怒江州看，约有 52.63% 的受访建档立卡贫困户参与了合作社的经营分红，另有 47.37% 的受访建档立卡贫困户尚未参与合作社的经营分红。相比于调研总体，怒江州贫困户参与合作社经营分红的比例偏低，比调研整体

低了 23.69 个百分点。从阿坝州看，所有受访建档立卡贫困户均参与了合作社的经营分红，其比调研整体高出 23.68 个百分点，见图 4-6。

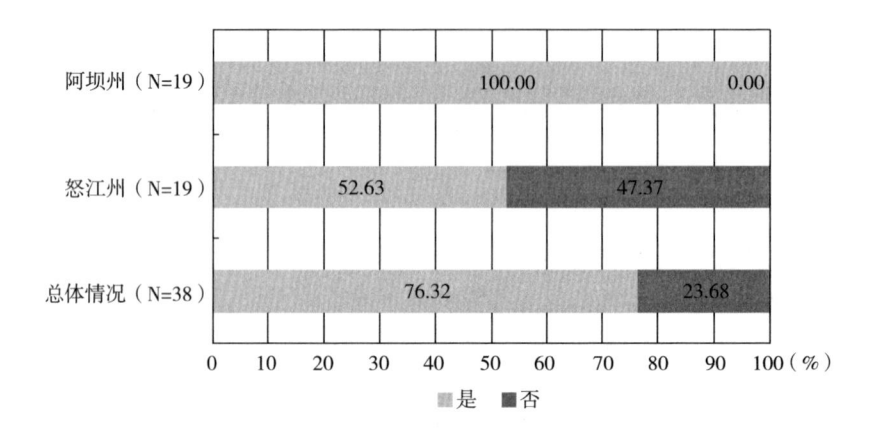

图 4-6　合作社是否有分红情况统计结果

阿坝州（N=19）：是 100.00，否 0.00
怒江州（N=19）：是 52.63，否 47.37
总体情况（N=38）：是 76.32，否 23.68

3. 扶贫效果

分析产业扶贫帮扶是否有助于增收的调查研究数据显示，从调研整体上看，有近 90.91% 的受访建档立卡贫困户表示产业扶贫帮扶有助于家庭增收，只有 9.09% 的受访建档立卡贫困户认为产业扶贫帮扶并未对家庭增收产生影响。由此可以看出，实施产业扶贫政策措施，确实能为贫困户家庭增收产生积极影响，是构建林业生态扶贫机制的重要途径和影响因素，各有关部门需要引起重视。从怒江州看，约有 83.33% 的受访建档立卡贫困户表示产业扶贫帮扶有助于家庭增收，只有 16.67% 的受访建档立卡贫困户表示产业扶贫帮扶并未能为家庭增收产生影响，相比于调研总体，怒江州开展产业扶贫并未达到应有效果，受访建档立卡贫困户认同度低于调研整体 7.58 个百分点。从阿坝藏族羌族自治州看，几乎所有受访建档立卡贫困户都表示产业扶贫帮扶有助于家庭增收，说明在阿坝藏族羌族自治州实施产业扶贫帮扶政策取得较好效果，期待阿坝藏族羌族自治州相关部门继续拓展产业扶贫措施和重视产业扶贫效率，见图 4-7。

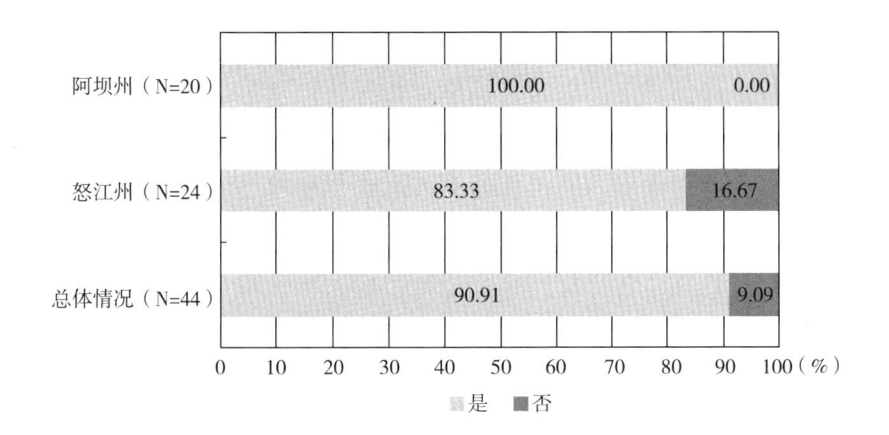

图 4-7 产业扶贫帮扶是否有助于贫困户增收统计结果

虽然产业扶贫措施取得不错的效果，但是必须意识到，阿坝藏族羌族自治州和怒江州地处位置较偏，产业结构较为单一，且多为经营风险较高和生产成本较高的种植业或养殖业，全产业链生产经营方式尚未形成，生产经营组织结构尚未健全，经营管理经验有待提高，难以产生产业集群效益，势必难以抵抗突如其来的市场风险，因此，在构建林业生态扶贫长效机制过程中，需要相关部门高度重视以上一些问题。

（二）就业扶贫

1. 政策措施

怒江州就业扶贫的主要举措：一是积极争取扩大生态护林员选聘规模。根据全州森林资源、湿地资源分布状况，按人均管护面积不低于 500 亩，以及贫困人口现状、贫困人员履职能力等测算，

2017年怒江傈僳族自治州共有建档立卡贫困户4.87万户，扣除丧失劳动能力的社会兜底户1.1万户，符合生态护林员聘用条件的贫困户有3.77万户。再扣除通过国家、省已下达的6885名指标，以及部分贫困户因年龄、文化水平、外出务工、个人意愿等不能履职的贫困户，拟新增3万名生态护林员指标，即从有劳动能力的贫困户中新聘3万名生态护林员，人均管护面积将从原来的2500亩降低到530亩的合理水平。通过新增3万名生态护林员，可实现全州建档立卡贫困户和森林资源管护范围的全覆盖。二是提高贫困户技能水平。通过培训一批适应当地产业发展的贫困人口、转移输送一批有劳动技能的贫困人口，大幅提升贫困人口就业技能，拓宽转移就业渠道。根据沿海对口支援省市工业园区的工业生产管理要求，加强对建档立卡贫困林农的岗前技能技术培训，提高对口支援转移就业的贫困户就业技能水平。积极鼓励已经外出务工的能人以传帮带方式带领亲朋好友外出务工，并积极关心其留守儿童上学和老人身体健康等问题，以此减少他们外出务工的后顾之忧。

目前，怒江州各县（市）就业扶贫基本围绕提供公益性工作岗位展开。如2018年福贡县聘用森林管护人员4352人，其中建档立卡贫困人口中选聘生态护林员3710人（原聘用1500人，新增2210人选聘完成并培训上岗），培训合格，持证上岗，管护人均年收入10800元，实现4352人稳定就业，年支出护林员补助3000余万元。2018年末，泸水市全市共聘用生态护林员3070人（全部为建档立卡贫困户），人均工资8400元/年，全年共发放生态要员工资2578.8万元。2018年末还开展了退耕还林项目，涉及建档立卡贫困户7748户，30507人，涉及面积84786.96亩，提供生态补偿资金10174.4352万元。

阿坝州就业扶贫的主要举措：一是积极争取扩大生态护林员选聘规模。结合开展生态扶贫攻坚行动，聘请高半山区、边远地区农牧民参与森林管护，每年可聘请1000名以上低收入农牧民参与森林保护，农牧民人均增收1万余元，增加了零就业低收入农牧民家庭的收入。二是大力开展实用技术培训。根据农民专业合作社发展特点，持续开展农民实用技术培训工作。目前，已完成实用技术培训3万人次，开展林业科技下乡60余次，举办林业科技培训班80多场（次），发放林业科技资料0.7万余册（份）。

目前，阿坝藏族羌族自治州各县（市）就业扶贫紧紧围绕提供公益性工作岗位和对贫困户进行就业培训。如理县为了提高了群众就业创业技能，大力开展生态护林员培训、集体林经营管理培训、森林保险培训、脱贫攻坚造林专业合作社培训、农村实用技术培训等，三年来累计培训2100人次。此外，理县还大力推进天保工程、森林植被恢复项目建设转移农村剩余劳动力就业。目前，13个乡镇分别成立脱贫攻坚造林专业合作社，参与承接了生态治理项目部分工程建设。2017年、2018年以及2019年分别为贫困户提供了213个、985个、969个就业岗位。阿坝县在开展国有森林管护工作中，2016年、2017年、2018年分别选聘建档立卡贫困人员5人（1480元/人·月）、40人（800元/人·月）、40人（800元/人·月）作为国有森林生态管护员。

2. 发展路径

（1）就业培训

通过对建档立卡以来贫困户家里参与就业培训人次的调查资料统计分析结果显示：从调研整体上看，约有22.78%的受访建档立卡贫困户认为建档立卡以来家里参加就业培训人次为0人，还有36.71%的受访建档立卡贫困户认为建档立卡以来家里参加就业培训人次为1人，只有12.66%的受访建档立卡贫困户认为建档立卡以来家里参加就业培训人次为2人，另有16.46%的受访建档立卡贫困户认为建档立卡以来家里参加就业培训人次为3人，剩余11.39%的受访建档立卡贫困户认为建档立卡以来家里参加就业培训人次为4人或多于4人。从怒江州看，建档立卡以来，约有23.08%的受访建档立卡贫困户认为家里参加就业培训人次为0人，还有38.46%的受访建档立卡贫困户认为家里参加就业培训人次为1

人，另有 15.38% 的受访建档立卡贫困户认为家里参加就业培训人次为 2 人，只有 9.62% 的受访建档立卡贫困户认为家里参加就业培训人次为 3 人；剩余 13.46% 的受访建档立卡贫困户认为家里参加就业培训人次为 4 人或多于 4 人。从阿坝藏族羌族自治州看，建档立卡以来，约有 22.22% 的受访建档立卡贫困户认为家里参加就业培训人次为 0 人；还有 33.33% 的受访建档立卡贫困户认为家里参加就业培训人次为 1 人；只有 7.41% 的受访建档立卡贫困户认为家里参加就业培训人次为 2 人；另有 29.63% 的受访建档立卡贫困户认为家里参加就业培训人次为 3 人；剩余 7.41% 的受访建档立卡贫困户认为家里参加就业培训人次为 4 人或多于 4 人。由此表明，无论是怒江州或是阿坝藏族羌族自治州，受访建档立卡贫困户通过各种形式参与就业培训的机会不多，这对构建林业生态扶贫长效机制产生障碍，需要管理部门引起高度重视，见表 4-3。

表 4-3　　建档立卡以来家里参加就业培训人次分布结果

区域范围	0 人	1 人	2 人	3 人	≥4 人
总体情况（%）（N=79）	22.78	36.71	12.66	16.46	11.39
怒江州（%）（N=52）	23.08	38.46	15.38	9.62	13.46
阿坝州（%）（N=27）	22.22	33.33	7.41	29.63	7.41

从参加培训是否有帮助找工作或提高就业收入的统计数据分析结果显示，从调研整体上看，约有 83.58% 的受访建档立卡贫困户认为参加培训对找工作或提高就业收入有帮助，另有 16.42% 的受访建档立卡贫困户认为参加培训对找工作或提高就业收入没有帮助。从怒江州看，约为 82.22% 的受访建档立卡贫困户认为参加培训对找工作或提高就业收入有帮助，只有 17.78% 的受访建档立卡贫困户认为参加培训对找工作或提高就业收入没有帮助。从阿坝藏族羌族自治州看，近 86.36% 的受访建档立卡贫困户认为参加培训

对找工作或提高就业收入有帮助,只有13.64%的受访建档立卡贫困户认为参加培训对找工作或提高就业收入没有帮助。比较分析表明,阿坝藏族羌族自治州受访建档立卡贫困户对培训所带来效用认可度要比怒江州高,建档立卡贫困户通过参加生态公益性岗位等各种培训后均能找到合适工作并能提供家庭收入水平,见图4-8。

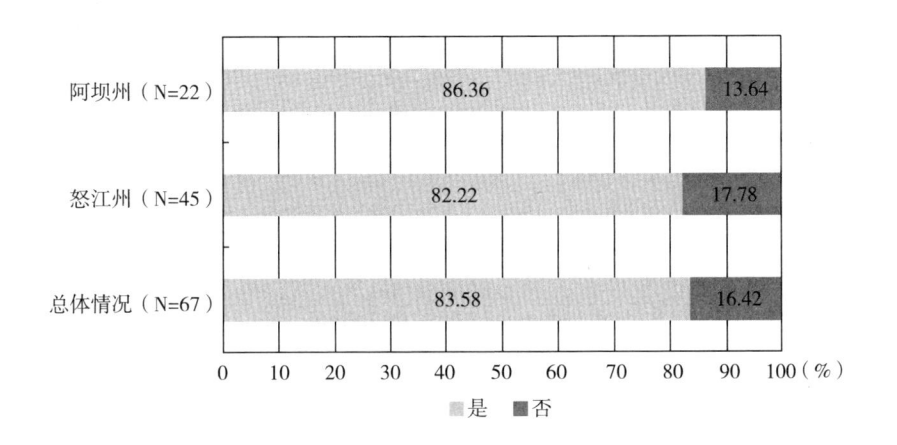

图4-8 参加培训对找工作或提高就业收入帮助情况统计结果

(2) 公益岗位

针对家中参与公益岗位的人次的统计结果显示,从整体上看,约有82.28%的受访建档立卡贫困户的家人参与生态公益性岗位,另有17.72%的受访建档立卡贫困户未安排家人参与生态公益性岗位,由此可知,生态公益性岗位尚未全部落实到建档立卡贫困户,全面扶贫脱贫攻坚依然还有盲区,需要上级行政机关予以考虑。从怒江州看,约为73.08%的受访建档立卡贫困户的家人参与了生态公益性岗位,还有26.92%的受访建档立卡贫困户家人未参与生态公益性岗位,如此说明,怒江傈僳族自治州生态公益性岗位缺口比较大,需要农业、林业、渔业、公路以及江、河、湖等管理部门提供更多生态公益性岗位,为建档立卡贫困户按照既定时间实现脱贫。从阿坝藏族羌族自治州看,由于建档立卡贫困户数量相对较少以及相关管理部门提供的生态公益性岗位较充足,生态公益性岗位已经全部覆盖了建档立卡贫困户,几乎所有的受访建档立卡贫困户均有家人参与生态公益性岗位,阿坝藏族羌族自治州建档立卡贫困户可以按照既定时间实现脱贫,见图4-9。

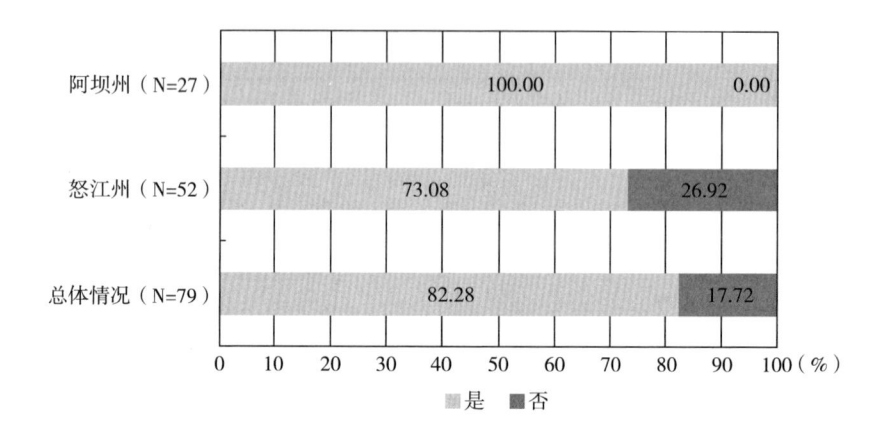

地区	是	否
阿坝州（N=27）	100.00	0.00
怒江州（N=52）	73.08	26.92
总体情况（N=79）	82.28	17.72

图4-9　家中参与公益岗位人数统计结果

3. 扶贫效果

从就业扶贫措施产生效果的调研统计分析结果显示,从调研整体上看,约为92.06%的受访建档立卡贫困户认为就业扶贫措施促进家庭收入增加,只有7.94%的受访建档立卡贫困户认为就业扶贫措施对其家庭收入增加没有帮助。由此可见,多数受访建档立卡贫困户认为实施就业扶贫已取得了良好效果,就业扶贫依然成为建档立卡贫困户实现脱贫的重要途径,但是仍有少部分认为就业扶贫措施没有帮助,究其缘由在于这些建档立卡贫困户"等靠要"思想仍然比较严重,政府推动就业扶贫措施难以调动其积极性。从怒江州看,约有90%的受访建档立卡贫困户认为就业扶贫措施对其家庭增收有帮助,只有10%的受访建档立卡贫困户认为就业扶贫措施对家庭增收没有帮助。从阿坝藏族羌族自治州看,有近95.65%的受访建档立卡贫困户认为就业扶贫措施对其增加家庭收入有帮助,只有

4.35%的受访建档立卡贫困户认为就业扶贫措施对其家庭增收没有帮助,见图4-10。

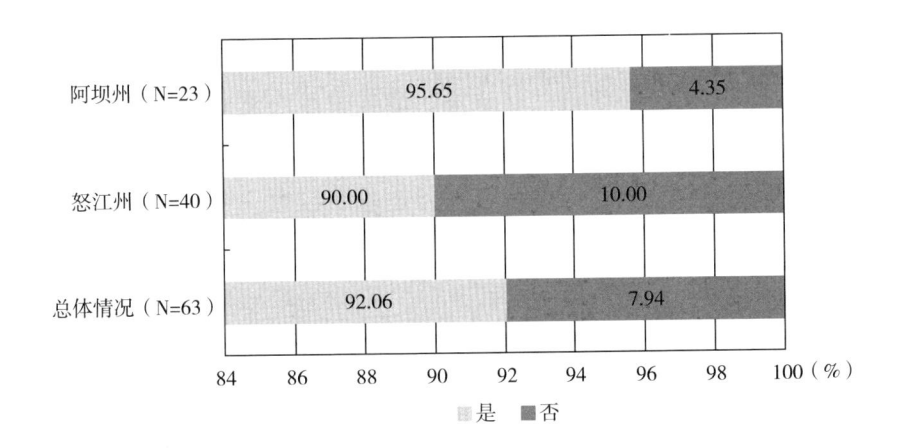

```
阿坝州(N=23)    95.65    4.35
怒江州(N=40)    90.00    10.00
总体情况(N=63)  92.06    7.94
              84  86  88  90  92  94  96  98  100(%)
                         ■是 ■否
```

图4-10 就业扶贫措施对增收是否有帮助统计结果

总体来看,无论是阿坝藏族羌族自治州还是怒江傈僳族自治州,都属于天保工程区或重要生态功能区,为相应保护生态环境国家实施天然林禁伐,当地居民做出了巨大贡献,为此国务院及其相关部门联合设立生态公益性岗位,鼓励并安排部分或全部建档立卡贫困户积极参与培训并竞争上岗,由此提供生态公益性岗位等就业扶贫成为建档立卡贫困户实现脱贫的重要途径。但是实施过程中,依然会出现生态公益性岗位提供数量合理性以及分配公平性等问题。

(三)小额信贷扶贫

1. 政策措施

怒江州小额信贷扶贫的主要举措:怒江州不仅将小额信贷扶贫作为实现产业精准扶贫的重要抓手而且积极推进和落实。为了建立小额信贷扶贫供需对接机制,拓展小额信贷扶贫的覆盖面,提高小额信贷效应促进群众创收增收,怒江傈僳族自治州相关部门提出了以下一些举措:一是依托定点帮扶工作加强宣传。怒江州各银行业金融机构工作人员与帮扶联系点长期派驻的17名脱贫攻坚和基层党建实战队员,依托密集的挂钩走访和常态化驻村帮扶工作,积极主动地向群众宣讲小额信贷扶贫政策,增强了建档立卡贫困户对小额信贷扶贫的认知与认同。二是探索挂村信贷员和驻村信息员试点信贷信息对接机制。金融部门指定银行业基层网点一线人员担任挂村信贷员,外聘具有一定文化素质的村干部或村民担任驻村信息员,以点带面,加强信息互通。目前,累计发展两类人员共78人,形成了小额信贷扶贫业务推广的内外合力。三是依托贫困户经济档案,提升授信调查效率。通过建档立卡贫困户电子经济档案创建"信用体系APP"采集基础数据,同时做好信用评级,一户一档,动态管理,为小额信贷扶贫提供了授信依据,如此提高了授信效率和可行度。小额贷款扶贫主要支持建档立卡贫困户发展生猪、山羊、黄牛养殖及草果、核桃、云木香、花椒种植等产业,促进群众创收增收,提升群众脱贫发展的内生动力。

截至2018年底,怒江州银行业金融机构小额扶贫信贷余额13859亿元,惠及建档立卡贫困户3331户的12053人,占全州建档立卡贫困户总户数的7.52%,比年初提升了2.04个百分点;累计新发放小额扶贫贷款8630万元,完成全年指标的112.81%。其中,截至2019年3月25日,福贡县以林权证及林业资源资产抵押贷款累计林权抵押贷款金额共计1280万元、林权抵押面积940亩;22个林农专业合作社利用林业贴息贷款支持项目46个,共落实林业贴息贷款816.5万元,享受国家财政贴息101.151万元。2018年底,兰坪县发放到户小额扶贫贷款8161.97万元(其中,信用社放贷7983.97万元,农行放贷178万元),支持建档立卡贫困户1817户(其中,信用社贷款1784户,农行贷款33户),财政专项贴息资金支出213万元。2019—2020年规划发放小额扶贫贴息贷款13600万元,每年贴息296万元,两年贴息592万元,拟带动建档立卡贫困户 2720 户 10494 人。2018 年底,泸水市根据建档立卡贫困户贷款需求,农村信用社超放贷 2056.59 万元,计划投入财政贴息资金 89.4616 万元,受益贫困户 477 户 1403 人。

阿坝藏族羌族自治州小额信贷扶贫的主要举措:一是加强小额扶贫信贷信用管理。在开展"信用户、信用村、信用乡(镇)"创建活动的基础上,针对建档立卡贫困户的实际情况,按照"5221"(即贫困户诚信度占 50%、家庭劳动力占 20%、家庭成员掌握劳动技能占 20%、家庭人均纯收入占 10%)方式,开展信用评定工作。二是建立信贷保证制度管理。积极探索小额扶贫信贷保证保险,用于分散小额扶贫信贷风险。由借款人与承贷银行、保险机构分别签订小额扶贫信贷合同,期限与贷款期限相匹配。建档立卡贫困户购买小额扶贫信贷保证保险费用由各县(市)、卧龙特别行政区财政按所购保证保险费金额给予适当补贴。对于贷款风险实行政府、银行、保险公司三方共同分担的原则:当单笔贷款发生损失时,合作保险公司承担损失的 70%,剩余的 30% 由设立的风险补偿资金承担其中 50%、其余 50% 由合作银行继续追偿。

目前,阿坝藏族羌族自治州已经完成 219 户贫困户的信用评级,授信总额 876 万元,发放小额扶贫贷款 31 户共 135 万元。在全州 13 个县(市)和卧龙特别行政区全面开展小额信贷扶贫工作。如汶川县作为阿坝州小额扶贫信贷工作试点县,于 2016 年 1 月 5 日率先启动小额扶贫信贷评级授信工作,汶川信用社对 219 户申请评级的贫困户进行资料审查,有 209 户通过银行授信,其中,五星 131 户、四星 38 户、三星 13 户、二星 26 户、二星以下 11 户。松潘、金川等县建章立制,分别制定了《松潘县金融扶贫实施细则》《金川县财政支持脱贫攻坚实施办法(试行)》《金川县财政金融支持脱贫攻坚实施细则(试行)》,全面开展贫困户申请、评级授信、审核等工作。另外,汶川、松潘两县还落实风险补偿基金 700 万元,其中汶川 100 万元,松潘县 600 万元;金川县为小额扶贫信贷和易地扶贫搬迁工作设立了 1045 万元的财政风险基金。

2. 发展路径

从贫困户是否知道小额扶贫信贷的调研统计数据分析结果说明，从调研整体上看，有近70.27%的受访建档立卡贫困户知道小额扶贫信贷项目，另有29.73%的受访建档立卡贫困户不知道小额扶贫信贷项目。由此可见，大部分受访建档立卡贫困户能指导或了解小额扶贫信贷项目，但仍有近三成左右的受访建档立卡贫困户不知道或不了解小额扶贫信贷项目。从怒江州看，约有55.32%的受访建档立卡贫困户知道或了解小额信贷扶贫项目，另有44.68%的受访建档立卡贫困户不知道或不了解小额扶贫信贷项目。与调研总体相比，怒江州的受访建档立卡贫困户知道或了解小额扶贫信贷项目的比例偏低，相比调研总体低了14.95个百分点。从阿坝藏族羌族自治州看，有近96.30%的受访建档立卡贫困户知道或了解小额信贷项目，只有3.70%的受访建档立卡贫困户不知道或不了解小额扶贫信贷项目。与调研总体相比，阿坝藏族羌族自治州受访建档立卡贫困户知道或了解小额扶贫信贷项目的比例比较高，约高于调研总体近26.03个百分点，与怒江傈僳族自治州相比，阿坝藏族羌族自治州受访建档立卡贫困户知道或了解小额扶贫信贷项目的比例高了近40.98个百分点，见图4-11。

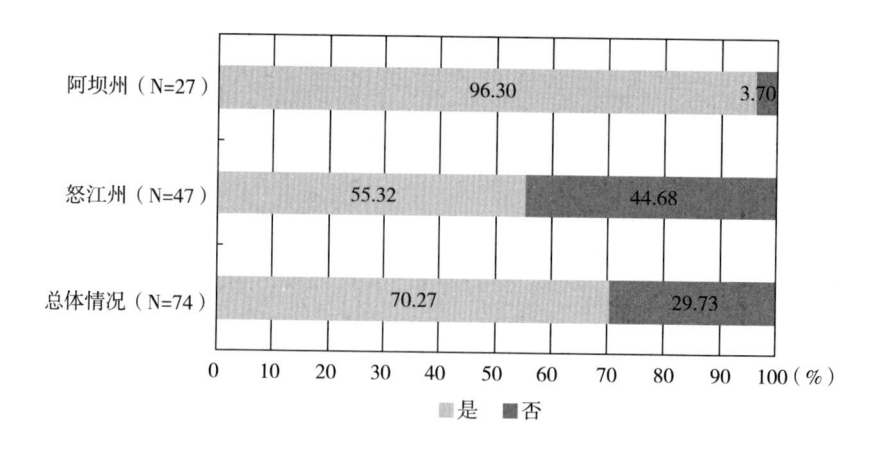

图4-11 是否知道小额扶贫信贷统计结果

从贫困户是否因需求参与小额扶贫信贷的调研数据统计分析表明，从调研整体上看，约有60.00%的受访建档立卡贫困户因无需求而未参与小额扶贫信贷项目，只有6.67%的受访建档立卡贫困户产生需求却参与不了小额扶贫信贷项目，另有33.33%的受访建档立卡贫困户因诸如信贷政策了解较少、对小额信贷有一定的误解等原因而未参与小额扶贫信贷项目。从怒江州看，有近62.50%的受访建档立卡贫困户因无需求而未参与小额扶贫信贷项目，另有37.50%的受访建档立卡贫困户因有其他原因而没有参与小额扶贫信贷项目，但与调研总体相比，怒江州受访建档立卡贫困户因无需求而未参与小额扶贫信贷项目的比例偏高，大约高于调研总体2.50个百分点，因其他原因而未参与小额扶贫信贷项目的受访建档立卡贫困户的比例也高于调研总体4.17个百分点。从阿坝藏族羌族自治州看，约有57.14%的受访建档立卡贫困户因无需求而未参与小额扶贫信贷项目，还有14.29%的受访建档立卡贫困户已有需求但未能参与小额扶贫信贷项目，另有28.57%的受访建档立卡贫困户因其他因素而未参与小额扶贫信贷项目。但与调研总体相比，阿坝藏族羌族自治州受访建档立卡贫困户因无需求而未参与小额扶贫信贷项目的比例偏低，大约低于调研整体2.86个百分点，而已有需求但未能参与小额扶贫信贷项目受访建档立卡贫困户的比例也高于调研整体7.62个百分点，但因其他因素而未能参与小额扶贫信贷项目的受访建档立卡贫困户的比例却低于调研整体4.76个百分点，见图4-12。

分析贫困户是否借过小额扶贫信贷的调研统计数据显示，从调研整体上看，只有27.14%的受访建档立卡贫困户借过小额扶贫信贷，另有72.86%的受访建档立卡贫困户表示他们没借过小额扶贫信贷。由此可见，尽管小额扶贫信贷为贫困户脱贫以及构建林业生态扶贫长效机制起到了重要促进作用，但是，较少的受访建档立卡贫困户借过小额扶贫信贷，由此需要参与扶贫脱贫攻坚的管理部门及金融机构建立相关机构，意在宣传和推动小额扶贫信贷业务发展，

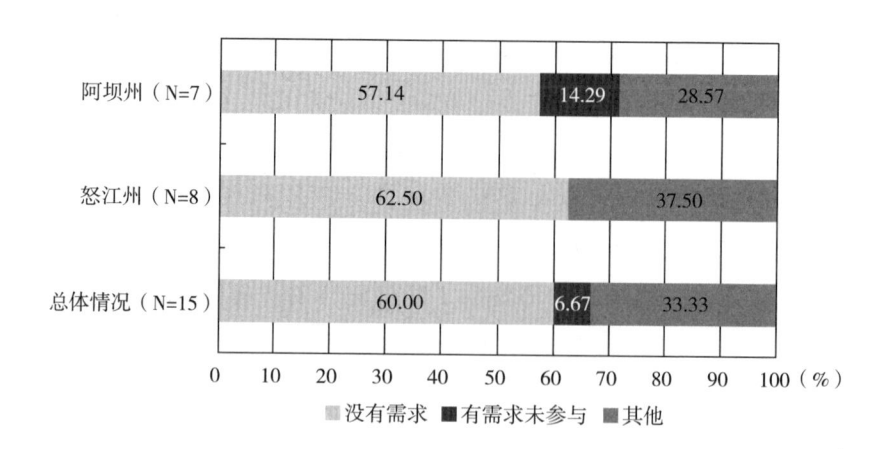

阿坝州（N=7）	57.14	14.29	28.57
怒江州（N=8）	62.50		37.50
总体情况（N=15）	60.00	6.67	33.33

图例：没有需求　有需求未参与　其他

图4-13　没有借过小额扶贫信贷的原因统计结果

并由其引导和参与构建林业生态扶贫长效机制，使得深度贫困地区的贫困户能按照国家规定的脱贫时间表尽快脱贫，从此走上富裕幸福的康庄大道。从怒江州看，只有25.58%的受访建档立卡贫困户表示借过小额扶贫信贷，另有74.42%的受访建档立卡贫困户表示没借过小额扶贫信贷，与调研总体相比，借过小额扶贫信贷的怒江傈僳族自治州受访建档立卡贫困户比例偏低，相比调研总体低了1.56%。从阿坝藏族羌族自治州看，只有29.63%的受访建档立卡贫困户表示借过小额扶贫信贷，另有70.37%的受访建档立卡贫困户表示没借过小额扶贫信贷，与总体相比，相比于怒江傈僳族自治州，阿坝藏族羌族州受访建档立卡贫困户表示借过小额扶贫信贷的比例较高，但依然有大部分阿坝藏族羌族自治州受访建档立卡贫困户没有借过小额扶贫信贷，见图4-13。

就小额贷款是否要求抵押和担保的问题进行调研分析表明，从调研整体上看，约有35.29%的受访建档立卡贫困户认为进行小额贷款时银行要求抵押和担保，另有64.71%的受访建档立卡贫困户认为进行贷款时银行没要求抵押和担保。由此可以看出，银行对借款人管理要求不高，进行小额信贷时并不需要提供财产抵押或担保。从怒江州看，约有45.46%的受访建档立卡贫困户认为进行小

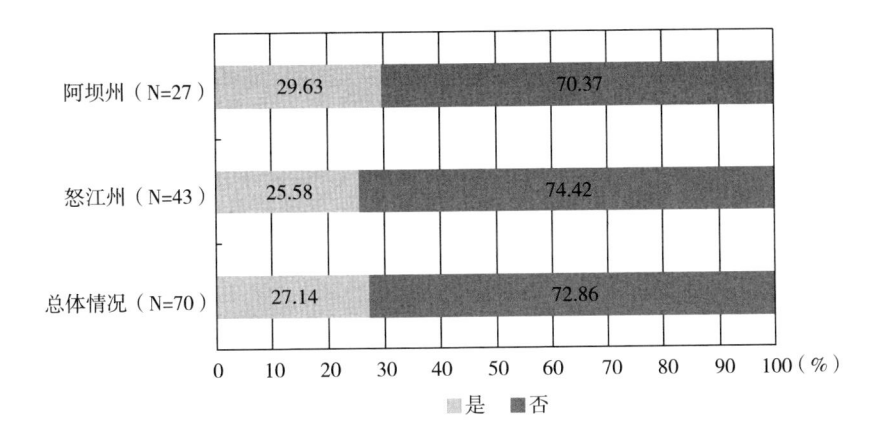

四 林业生态扶贫模式对比分析 | 85

```
阿坝州（N=27）  29.63    70.37
怒江州（N=43）  25.58    74.42
总体情况（N=70） 27.14    72.86
             0  10 20 30 40 50 60 70 80 90 100（%）
                     ■是 ■否
```

图 4-13 是否借过小额扶贫信贷统计结果

额贷款时银行要求抵押和担保，另有 54.55% 的受访建档立卡贫困户认为进行小额借款时银行并不要求抵押和担保，与调研总体相比，怒江州的受访建档立卡贫困户认为进行小额贷款时银行要求提供财产抵押或担保的比例高于调研总体 10.16 个百分点。从阿坝藏族羌族自治州看，约有 16.67% 的受访建档立卡贫困户认为进行银行贷款时银行要求提供财产抵押或担保，另有 83.33% 的受访建档立卡贫困户认为银行贷款时银行并未要求提供财产抵押或担保，与调研总体相比，阿坝藏族羌族自治州受访建档立卡贫困户进行小额贷款时银行并不要求财产抵押或担保的比例高于调研总体 18.62 个百分点，见图 4-14。

针对信贷限额的调研数据分析表明，从调研整体上看，约有 21.05% 的受访建档立卡贫困户认为金融机构小额信贷金额低于 1 万元，另有 15.79% 的受访建档立卡贫困户认为金融机构的小额信贷金额介于 1 万~3 万元，42.11% 的受访建档立卡贫困户认为金融机构的小额信贷金额控制在 3 万~5 万元，也有 15.79% 的受访建档立卡贫困户认为金融机构的小额信贷金额为 5 万~7 万元，剩余 5.26% 的受访建档立卡贫困户认为金融机构的小额信贷金额达到 7 万元以上，综上分析可知，大部分受访建档立卡贫困户认为金融机

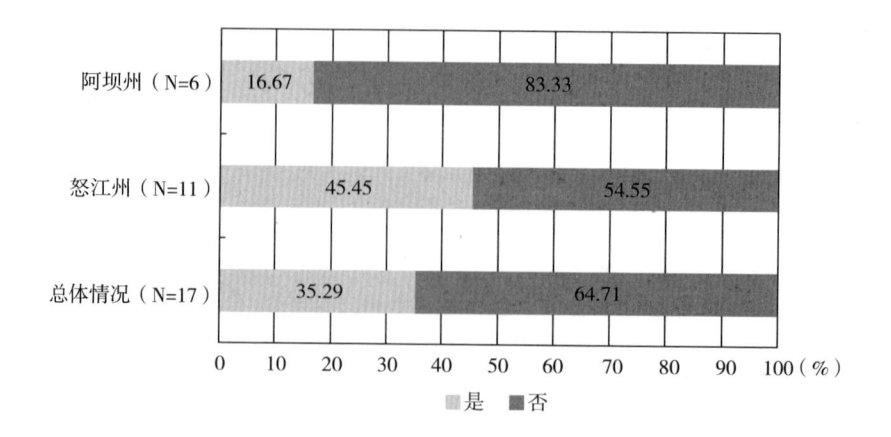

图 4-14 银行是否要求抵押和担保统计结果

区域	是 (%)	否 (%)
阿坝州（N=6）	16.67	83.33
怒江州（N=11）	45.45	54.55
总体情况（N=17）	35.29	64.71

构的小额信贷金额在 3 万~5 万元，较少受访建档立卡贫困户认为借款金额大于 7 万元。从怒江傈僳族自治州看，约为 36.36% 的受访建档立卡贫困户认为金融机构小额信贷金额低于 1 万元，只有 9.09% 的受访建档立卡贫困户认为金融机构小额信贷金额在 1 万~3 万元，45.46% 的受访建档立卡贫困户认为金融机构小额信贷金额介于 3 万~5 万元，还有 9.09% 的受访建档立卡贫困户认为金融机构小额信贷金额达到 7 万元以上。与调研总体相比，怒江州受访建档立卡贫困户认为小额信贷借款金额小于等于 1 万元的比例高于整体 15.31 个百分点，但是，认为小额信贷借款金额介于 5 万~7 万元的受访建档立卡贫困户比例低于整体 15.79 个百分点。从阿坝藏族羌族自治州看，约有 25.00% 的受访建档立卡贫困户认为金融机构小额信贷金额在 1 万~3 万元，约为 37.50% 的受访建档立卡贫困户认为金融机构小额信贷金额介于 3 万~5 万元，还有 37.50% 的受访建档立卡贫困户认为金融机构小额信贷金额控制 5 万~7 万元。与调研总体相比，阿坝藏族羌族自治州受访建档立卡贫困户认为金融机构的小额信贷借款金额小于等于 1 万元的比例低于整体 21.05 个百分点，而金融机构的小额信贷借款金额 1 万~3 万的比例高于整体 9.21 个百分点，以为金融机构的小额信贷借款金额介于 5 万~

7万元的比例高于整体21.71个百分点,总体来看,阿坝藏族羌族自治州的小额信贷借款金额介于3万~7万元,见表4-4。

表4-4　　　　　　　　小额信贷借款金额分布结果

区域范围(万元)	≤1	1~3	3~5	5~7	>7
总体情况(%)(N=19)	21.05	15.79	42.11	15.79	5.26
怒江州(%)(N=11)	36.36	9.09	45.46	0.00	9.09
阿坝州(%)(N=8)	0.00	25.00	37.50	37.50	0.00

从贷款利息支付方式角度的调研数据分析显示,从调研整体上看,约为38.89%的受访建档立卡贫困户通过政府补贴方式支付贷款利息,还有33.33%的受访建档立卡贫困户以政府代偿方式偿还贷款利息,另有27.78%的受访建档立卡贫困户以家庭收入偿还贷款利息。综上可知,贷款利息支付方式以政府补贴和政府支付为主,少部分以个人支付为主。从怒江傈僳族自治州看,约为40.00%的受访建档立卡贫困户通过政府补贴方式支付贷款利息,还有30.00%的受访建档立卡贫困户通过政府代偿方式支付贷款利息,剩余30.00%的受访建档立卡贫困户以家庭收入方式偿还贷款利息。与调研总体相比,怒江傈僳族自治州受访建档立卡贫困户偿还贷款利息方式为政府补贴的比例高于整体1.11个百分点,贷款利息支付方式为政府代偿方式的比例低于调研整体3.33个百分点,贷款偿还方式为家庭收入为主的比例高于整体2.22个百分点。从阿坝藏族羌族自治州看,约有37.50%的受访建档立卡贫困户采用政府补贴方式支付贷款利息,还有37.50%的受访建档立卡贫困户通过政府代偿方式支付贷款利息,剩余25.00%的受访建档立卡贫困户以家庭收入偿还贷款利息。与调研总体相比,阿坝藏族羌族自治州受访建档立卡贫困户的贷款利息支付方式为政府补贴的比例低于调研整体1.39个百分点,贷款利息支付方式为政府代偿方式时的比例高于调研整体4.17个百分点,贷款利息支付方式为家庭收入时的比

例低于整体 2.78 个百分点。

如此表明，无论是调研整体，还是怒江傈僳族自治州，或是阿坝藏族羌族自治州，受访建档立卡贫困户偿还金融机构贷款利息方式大部分以政府转移支付为主，而较少的受访建档立卡贫困户以家庭收入偿还金融机构贷款利息，见图 4-15。

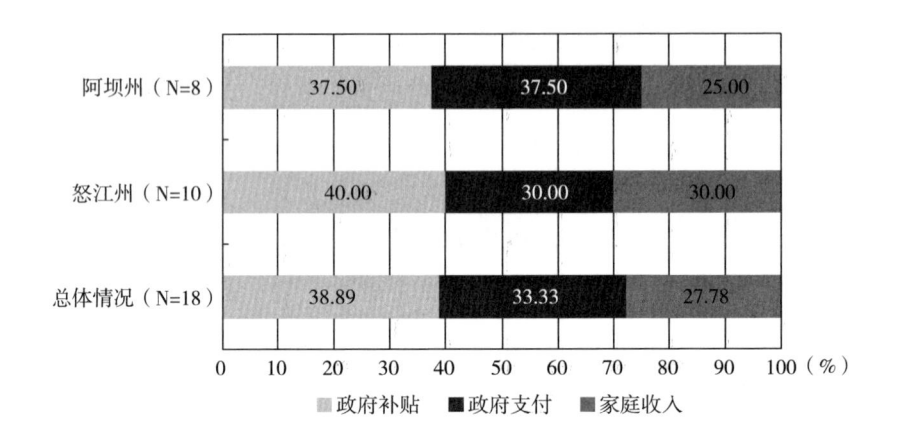

区域	政府补贴	政府支付	家庭收入
阿坝州（N=8）	37.50	37.50	25.00
怒江州（N=10）	40.00	30.00	30.00
总体情况（N=18）	38.89	33.33	27.78

图 4-15　贷款利息支付方式统计结果

3. 扶贫效果

就小额扶贫信贷效果的调研分析结果表明，从调研整体上看，约有 81.25% 的受访建档立卡贫困户表示通过小额扶贫信贷有助于家庭增收，还有 18.75% 的受访建档立卡贫困户表示小额扶贫信贷对家庭增收没有帮助。由此可见，大部分受访建档立卡贫困户通过小额扶贫信贷支持产业发展，不仅增加劳动就业率，而且于贫困户家庭增收产生比较明显的效果，但仍有少部分受访建档立卡贫困户申请小额扶贫贷款并非发展产业，导致小额扶贫贷款并没有给家庭增收。从怒江傈僳族自治州看，约有 66.67% 的受访建档立卡贫困户表示小额扶贫信贷对家庭增收有帮助，另有 33.33% 的贫困户表示小额扶贫信贷并未对家庭增收产生影响。与调研总体相比，怒江傈僳族自治州受访建档立卡贫困户认为小额扶贫信贷对家庭增收有帮助的比例低于调研整体14.58个百分点，相反，认为小额扶贫信贷对家庭增收没有产生作用的受访建档立卡贫困户比例高于调研整体14.58%。从阿坝藏族羌族自治州看，几乎所有受访建档立卡贫困户均表示小额扶贫信贷对家庭增收有帮助。与调研总体相比，阿坝藏族羌族自治州受访建档立卡贫困户表示小额扶贫信贷对家庭增收有帮助的比例高于整体18.75个百分点，与怒江州相比，阿坝藏族羌族自治州受访建档立卡贫困户表示小额扶贫信贷对家庭增收有帮助的比例高出33.33个百分点，见图4-16。

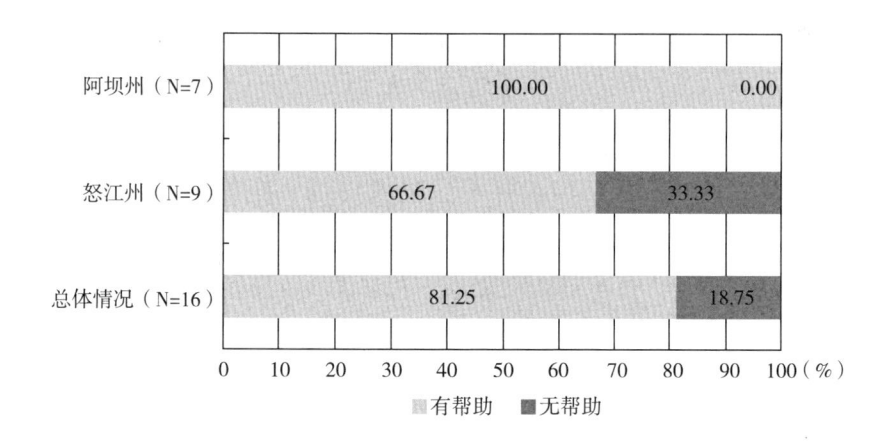

图4-16 小额扶贫信贷对家庭增收是否有帮助统计结果

总体来看，小额扶贫信贷不仅解决了贫困户生产资金周转难问题，而且解决了信贷资金门槛高、并且对家庭增收起到了一定的帮助，且在阿坝藏族羌族自治州的小额扶贫信贷对家庭增收效果明显。但是还存在一些问题：近三成的怒江州和阿坝藏族羌族自治州的受访建档立卡贫困户不够了解小额扶贫信贷的相关政策，只有近七成的受访建档立卡贫困户对其比较了解；并且发生小额扶贫信贷业务的受访建档立卡贫困户比例极低；由于产业发展意识不足以及产业发展积极性不高，极少受访建档立卡贫困户将小额扶贫信贷资金用于发展产业。

（四）驻村帮扶

1. 政策措施

怒江州驻村帮扶的主要举措：一是加强与贫困户沟通和交流。深入村组、贫困户、田间地角，与贫困户同吃、同住、同劳动，倾听群众心声，了解群众意愿，与贫困户共算土地利用经济账，宣传党的产业扶贫政策，解除群众思想顾虑，激发群众调整产业结构、发展特色产业的热情和内生动力，提高他们的积极性和主动性。二是注重生产经营技术培训。优先培养一批产业发展大户、骨干户、示范户。有针对性地选择一部分积极性高的小组干部、党员和群众代表，加大对他们进行产业扶持、技术培训和跟踪服务，树立典范，带动大面。对首先启动实施的灯盏花药材产业，为了确保灯盏花幼苗栽植质量，打造基地样板，工作队员深入田间向贫困群众讲解灯盏花的生物学特性、丰产栽培技术、产品价值、市场前景，现场示范，现场指导，与群众共同移栽灯盏花幼苗。三是做贫困群众的贴心人。用真情帮扶困难群众，做群众的贴心人，彰显共产党员风采，树林业人形象。

怒江州各县驻村帮扶工作进展：2018 年底，怒江傈僳族自治州已完成调整选派、整合优化工作，全州选派驻村扶贫工作队员（实战队员）共有 2198 名，其中，中央、省级选派 104 名，州级选派 606 名，县、市级选派 1312 名；驻村工作队总队长 4 名、副总队长 3 名、大队长 29 名；驻村工作队第一书记（工作队长）259 名、工作队员 1757 名、大学生村官 176 名；其中，男队员有 1505 名，女队员有 693 名；党员 1299 名，少数民族 1828 名；实战队员（行业扶贫指导员）334 名，州县级新时代农民讲习所讲习员 31 名。例如，福贡县深入开展"挂包帮""转走访"等工作，抽派了 6 名实战队员驻村开展工作，林业局职工 39 人结对帮扶 154 户建档立卡贫困户,并根据贫困户实际情况及需求,因地制宜地提出了帮扶计划和措施。组织开展了联系卡、户户清等行动,认真宣传易地扶助贫搬迁政策。通过扶持项目、帮贫解困、看望慰问等帮扶活动,2018年累计投入帮扶助贫资金200多万元,有效促进帮扶助贫工作扎实推进。

阿坝藏族羌族自治州驻村帮扶的主要举措:一是精准明确驻村帮扶工作职责。为明确落实驻村帮扶主体责任,建立了"任务责任""问题清单"和"联席会议"三项制度,确立精准扶贫工作领导小组组长为第一责任人,副组长和成员为责任人,驻村干部为直接责任人,驻村干部派驻期间全脱产参与帮扶村工作的责任制度,对督查中发现工作不落实、完不成年度脱贫任务的要层层问责。二是精准搭建驻村帮扶平台。深入帮扶村开展"走基层"活动,对脱贫攻坚产业发展、民生项目、基础设施建设等开展全面调研,协助推进相关工作。州政府要求驻村干部要切实围绕"五项职能"开展工作,做好上下对接,沟通协调,并充分发挥党支部战斗堡垒作用,与村支部一起召集党员示范户,带领党员发挥先锋模范作用,集中学习、宣传、教育动员广大群众积极投身脱贫攻坚、反分维稳、禁毒防艾、移风易俗等工作。

阿坝藏族羌族自治州各县驻村帮扶工作进展。2018年底,结合阿坝藏族羌族自治州双联工作,实施每个贫困村有1个驻村帮扶工作组、1个联系单位、每个贫困户有1名帮扶责任人的"三个一"驻村帮扶行动。例如,九寨沟县强化驻村帮扶工作,帮扶力量"全覆盖"。确定和调整领导带队的工作组。先后调整充实48名县级领导、140个帮扶单位开展帮扶工作,选派146人组建48支建档立卡贫困村驻村工作队,调整轮换27名第一书记、26名驻村农技员。定期召开联席会。定期召开"1+N"帮扶力量联席会,组建"'1+N'帮扶力量工作交流群",进一步加强统筹部署、联系协调,推动帮扶工作落地落实。目前,全县共召开"1+N"帮扶力量联席会议190余次。现场办公解诉求。以"践行一线工作法",

县级领导带头示范，全县各级干部深入基层，立足民生诉求、社会稳定开展帮扶。截至2018年底，全县各级干部共计走访群众54100余人次，收集各类诉求786条，解决467条。

2. 发展路径

（1）驻村工作队

分析有驻村工作队的调研数据统计结果显示，从调研整体上看，有近98.59%的受访建档立卡贫困户表示村中有驻村工作队，只有1.41%的受访建档立卡贫困户村中觉得没有驻村工作队。从怒江州看，所有受访建档立卡贫困户均表示村中有驻村工作队。从阿坝藏族羌族自治州看，约有96.00%的受访建档立卡贫困户表示村中有驻村工作队，只有4.00%的受访建档立卡贫困户表示村中没有驻村工作队，见图4-17。

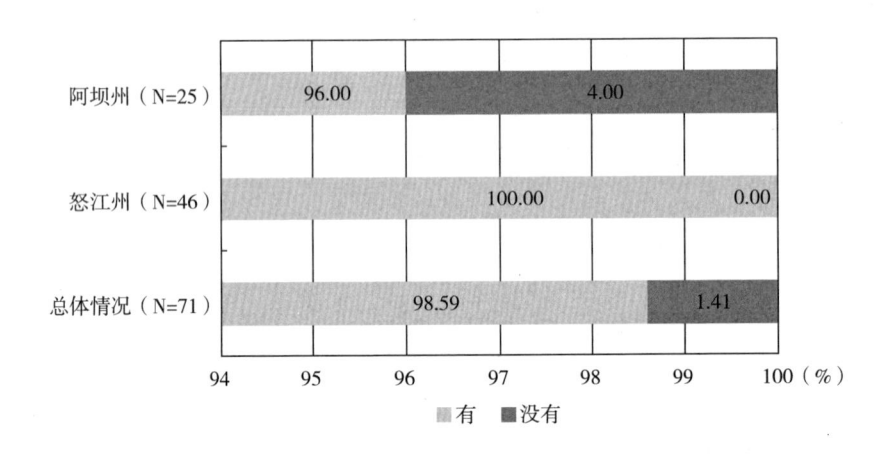

图4-17 村中是否有驻村工作队统计结果

针对驻村工作队主要工作内容的调研统计分析结果表明，从调研整体上看，认为驻村工作队主要工作有宣传政策、到家里了解情况并建档立卡、组织培训、组织务工、组织发展产业、协助组织异地搬迁、落实社会保障政策、组织贫困户参与村庄基础设施和公共服务等建设以及危房改造的受访建档立卡贫困户分别占比89.87%、

89.87%、79.75%、62.03%、69.62%、49.37%、79.75%、68.35%以及49.37%。从怒江州看，相对较多受访建档立卡贫困户认为驻村工作队主要工作有宣传政策、到家里了解情况并建档立卡和组织培训等，分别占88.46%、90.38%和80.77%。相对较少的受访建档立卡贫困户认为驻村工作队的主要工作有组织务工、组织发展产业、协助组织异地搬迁、落实社会保障政策、组织贫困户参与村庄基础设施和公共服务等建设以及危房改造，分别占63.46%、73.08%、69.23%、75.00%、65.38%和63.46%。从阿坝藏族羌族自治州看，相对较多受访建档立卡贫困户认为驻村工作队主要工作为宣传政策、到家里了解情况并建档立卡、落实社会保障政策和组织贫困户参与村庄基础设施、公共服务等建设，占比分别92.59%、88.89%、88.89%和96.3%。相对较少的受访建档立卡贫困户认为驻村工作队的主要工作包括组织培训、组织务工和组织发展产业，分别占比77.78%、59.26%、62.96%，更少的受访建档立卡贫困户认为驻村工作队的主要工作是协助组织发展产业和危房改造，分别占比仅有11.11%和22.22%。与调研总体相比，受访建档立卡贫困户认为驻村工作队主要任务是协助组织发展产业和危房改造的比重分别低于整体38.26个百分点和27.15个百分点，见表4-5。

表4-5 驻村工作队主要工作统计结果

驻村主要工作	总体情况（N=79）	怒江州（N=52）	阿坝州（N=27）
宣传政策（%）	89.87	88.46	92.59
到家里了解情况，建档立卡（%）	89.87	90.38	88.89
组织培训（%）	79.75	80.77	77.78
组织务工（%）	62.03	63.46	59.26
组织发展产业（%）	69.62	73.08	62.96
协助组织异地搬迁（%）	49.37	69.23	11.11

续表

驻村主要工作	总体情况（N=79）	怒江州（N=52）	阿坝州（N=27）
落实社会保障政策（%）	79.75	75.00	88.89
组织贫困户参与村庄基础设施、公共服务等建设（%）	68.35	65.38	96.30
危房改造（%）	49.37	63.46	22.22

针对进一步分析驻村工作队的工作认可程度的统计数据显示，从调研整体上看，有近98.57%的受访建档立卡贫困户表示认可驻村工作队的做法和成效，只有1.43%的受访建档立卡贫困户表示不满意驻村工作队的做法和成效。从怒江州看，约有97.83%的受访建档立卡贫困户表示认可驻村工作队的做法和成效，只有2.17%的受访建档立卡贫困户表示不满意驻村工作队的做法和成效，但是阿坝藏族羌族自治州的所有受访建档立卡贫困户均认可驻村工作队的工作作风和成效。见图4-18。

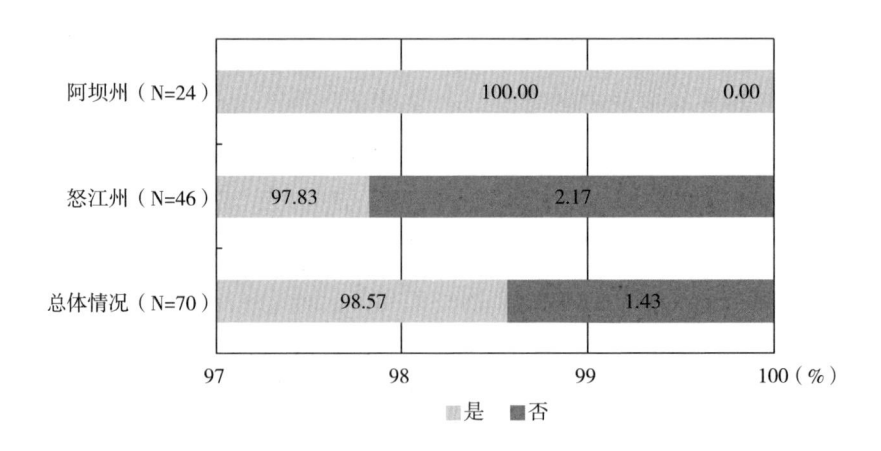

	是	否
阿坝州（N=24）	100.00	0.00
怒江州（N=46）	97.83	2.17
总体情况（N=70）	98.57	1.43

图4-18 驻村工作队认可程度统计结果

（2）帮扶负责人

针对家中是否有帮扶负责人的调研统计分析结果显示，从调研整体上看，几乎所有受访建档立卡贫困户均表示家中有帮扶负责人，见图4-19。

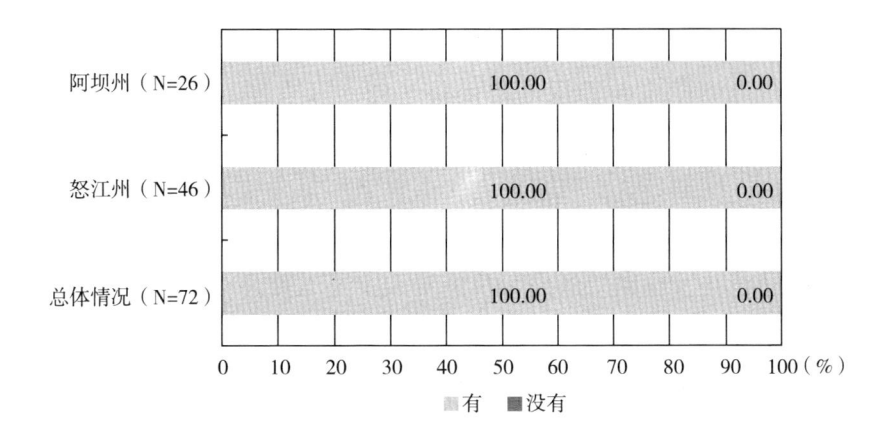

阿坝州（N=26）	100.00	0.00
怒江州（N=46）	100.00	0.00
总体情况（N=72）	100.00	0.00

■有 ■没有

图4-19 是否有帮扶负责人统计结果

帮扶负责人主要工作有送慰问金或慰问品、落实扶贫政策、想办法出点子、技术指导和帮助解决实际困难。继续分析帮扶负责人主要工作的调研统计结果表明，从调研总体来看，依据受访建档立卡贫困户对帮扶负责人评价高低，首先认为帮扶负责人主要工作是贫困户做落实扶贫政策与想办法出点子的受访建档立卡贫困户的占比分别75.95%和69.62%；其次是认为帮扶负责人主要工作是送慰问金或慰问品、提供技术指导和帮助解决实际困难的受访建档立卡贫困户占比分别53.16%、41.77%和54.43%；最后是认为帮扶负责人对贫困户没有做什么事情的受访建档立卡贫困户的比重仅有6.33%。由此分析结果可以看出，多数受访建档立卡贫困户认为帮扶负责人都在为贫困户扶贫脱贫付出实际的帮扶行动，但受访建档立卡贫困户表示很少有帮扶负责人为贫困户提供技术指导，如此帮扶行为不利于林业生态扶贫脱贫长效机制构建。从怒江州看，首先是相对较多的受访建档立卡贫困户认为帮扶负责人主要工作是落实扶贫政策和为贫困户想办法出点子，均占比为65.38%。其次相对较低的受访建档立卡贫困户认为帮扶负责人的主要工作是送慰问金或慰问品、提供技术指导和帮助解决实际困难,占比分别为34.62%、46.15%和44.23%,只有0.96%的受访建档立卡贫困户认为帮扶负责人没有做什么事情。但是认为帮扶负责人主要工作是给贫困户送慰问金或慰问品的受访建档立卡贫困户比例低于整体18.54个百分点。从阿坝藏族羌族自治州看,首先是相对较多的受访建档立卡贫困户认为帮扶负责人主要工作是为贫困户送慰问金或慰问品等和落实扶贫政策,占比分别88.89%和96.3%,其次是多数受访建档立卡贫困户认为帮扶负责人主要工作是为贫困户想办法出点子和帮助解决实际困难,占比分别77.78%和74.07%。仅占33.33%的受访建档立卡贫困户认为帮扶负责人主要工作是为贫困户提供技术指导。相对于调研总体,阿坝藏族羌族自治州受访建档立卡贫困户认为帮扶负责人主要工作为贫困户提供技术指导的比例低于整体8.44个百分点,见表4-6。

表4-6 帮扶负责人主要做的事情统计结果

帮扶负责人主要工作	总体情况(N=79)	怒江州(N=52)	阿坝州(N=27)
没做什么事(%)	6.33	0.96	0.00
送慰问金或慰问品等(%)	53.16	34.62	88.89
落实扶贫政策(%)	75.95	65.38	96.3
想办法、出点子(%)	69.62	65.38	77.78
技术指导(%)	41.77	46.15	33.33
帮助解决实际困难(%)	54.43	44.23	74.07

针对帮扶负责人关心贫困户的走访次数的调查统计分析,从调研整体上看,约有41.77%的贫困户认为帮扶负责人每年走访次数为1~5次,其次是认为帮扶负责人走访次数为6~10次、16~20次、20次以上的受访建档立卡贫困户的占比分别15.19%、

12.66%和15.19%,而认为帮扶负责人走访次数为0次和11~15次的受访建档立卡贫困户的比重分别为8.86%和6.33%。由此可以看出,为了帮助贫困户脱贫和履行扶贫工作职责,多数帮扶负责人走访次数多数是在1~5次,但是仍然存在不负责任和不履行扶贫工作职责的帮扶负责人,这将对按照规定脱贫时间实现深度贫困地区脱贫造成重大负面影响。从怒江州看,约有57.69%的受访建档立卡贫困户认为帮扶负责人走访贫困户次数为1~5次,而认为帮扶负责人走访贫困户次数为0次、6~10次、11~15次、16~20次的受访建档立卡贫困户比重分别为11.54%、17.31%、9.62%和3.85%,受访建档立卡贫困户并没有发现走访贫困户次数在20次以上的帮扶负责人。与调研总体相比,怒江傈僳族自治州受访建档立卡贫困户认为帮扶负责人走访贫困户次数集中于1~5次的比重高于总体15.92个百分点。从阿坝藏族羌族自治州看,有近44.44%的受访建档立卡贫困户认为帮扶负责人走访贫困户次数达到20次以上,另有29.63%的受访建档立卡贫困户认为帮扶负责人走访贫困户次数为16~20次,而相对的受访建档立卡贫困户较少认为帮扶负责人走访次数为1~5次和6~10次,其比重均占11.11%,但是也存在帮扶负责人走访贫困户次数为0次的情况,占受访建档立卡贫困户比重约为3.70%,此次调研阿坝藏族羌族自治州中未出现帮扶负责人走访次数在11~15次的情况。与调研总体相比,阿坝藏族羌族自治州受访建档立卡贫困户认为帮扶负责人走访贫困户次数普遍偏高,其中帮扶负责人走访次数在20次以上的受访建档立卡贫困户比重高于总体29.25个百分点。与怒江傈僳族自治州相比,阿坝藏族羌族自治州帮扶负责人走访次数普遍偏高,帮扶负责人走访次数在20次以上的情况更是高于怒江州44.44个百分点,见表4-7。

针对帮扶负责人工作效果的调查数据分析:从调研整体上看,约有44.44%的受访建档立卡贫困户表示家庭经济状况经帮扶负责人帮扶后已有明显变好,另有38.89%的受访建档立卡贫困户表示

表 4-7　　　　　　　　帮扶负责人走访次数统计结果

帮扶人员走访次数（次）	0	1~5	6~10	11~15	16~20	>20
总体情况（%）（N=79）	8.86	41.77	15.19	6.33	12.66	15.19
怒江州（%）（N=52）	11.54	57.69	17.31	9.62	3.85	0.00
阿坝州（%）（N=27）	3.70	11.11	11.11	0.00	29.63	44.44

家庭经济状况经帮扶负责人帮扶后已有变好趋向，还有相对较少的受访建档立卡贫困户表示帮扶负责人帮助作用不大或没有帮助，分别占比 11.11% 和 5.56%。由此可以看出，仍有部分受访建档立卡贫困户认为帮扶负责人因为工作不到位或思路及方法不对导致贫困户家庭经济状况没有发生变化。从怒江州看，约为 50% 的受访建档立卡贫困户表示帮扶负责人对于自己家庭经济状况好转是有帮助的；相对较少受访建档立卡贫困户认为帮扶负责人对贫困户有明显帮助或帮助不大，分别占比为 23.91% 和 17.39%；仅有 8.70% 的受访建档立卡贫困户表示帮扶负责人没能起到应有作用。与调研总体相比，认为帮扶负责人对贫困户家庭经济状况好转有帮助的受访建档立卡贫困户所占比重高于整体 11.11 个百分点。从阿坝藏族羌族自治州看，约为 80.77% 的受访建档立卡贫困户表示帮扶负责人对其家庭经济状况好转有明显帮助。另有 19.23% 的受访对象认为帮扶负责人对其家庭经济装好转有些帮助。与调研总体相比，阿坝藏族羌族自治州受访建档立卡贫困户均认为帮扶负责人对其家庭经济状况好转有作用，只是区别在于帮助效果大小，其中，认为帮扶负责人对其家庭经济状况有明显帮助的受访建档立卡贫困户比重高于总体 36.33 个百分点，其比怒江州高了 56.86 个百分点，见表 4-8。

表4-8　　　　　　　　帮扶负责人工作效果统计结果

帮扶负责人效果	有明显帮助（%）	有帮助（%）	帮助不大（%）	没有帮助（%）
总体情况（N=72）	44.44	38.89	11.11	5.56
怒江州（N=46）	23.91	50.00	17.39	8.70
阿坝州（N=26）	80.77	19.23	0.00	0.00

3. 扶贫效果

从驻村帮扶是否取得实质性效果的调研数据分析表明，从调研整体上看，有近91.30%的受访建档立卡贫困户表示驻村帮扶已经取得实质性效果，只有8.70%的受访建档立卡贫困户表示驻村帮扶并没有对扶贫脱贫产生实质性效果。由此可以看出，大多数受访建档立卡贫困户均认为驻村帮扶能够为扶贫脱贫带来实质性效果，但仍少部分受访建档立卡贫困户认为驻村帮扶没有达到预期效果。如此说明，尽管驻村帮扶已经取得不错的效果，但是因为工作量大致使驻村帮扶并未深入千家万户或方法不对路使得驻村帮扶效果较差，导致驻村帮扶"最后一公里"尚未完成，从而影响了扶贫脱贫攻坚战的进程。从怒江傈僳族自治州看，约有88.89%的受访建档立卡贫困户表示驻村帮扶已经取得有实质性效果，另有11.11%的受访建档立卡贫困户表示驻村帮扶没有实质性效果或者效果不佳。与调研总体相比，怒江州受访建档立卡贫困户表示驻村帮扶取得实质性效果的比例略低于总体2.41个百分点。从阿坝藏族羌族自治州看，已有95.83%的受访建档立卡贫困户表示驻村帮扶已取得实质性效果，只有4.17%的受访建档立卡贫困户表示驻村帮扶未取得实质性效果或效果不佳，且与调研总体相比，阿坝藏族羌族自治州受访建档立卡贫困户表示驻村帮扶已取得实质性效果的比例不仅略高于总体4.53个百分点，而且略高于怒江傈僳族自治州受访建档立卡贫困户6.94个百分点，见图4-20。

```
阿坝州（N=24）    95.83           4.17
怒江州（N=45）    88.89          11.11
总体情况（N=69）  91.30           8.70
                82  84  86  88  90  92  94  96  98  100（%）
                              ■有  ■无
```

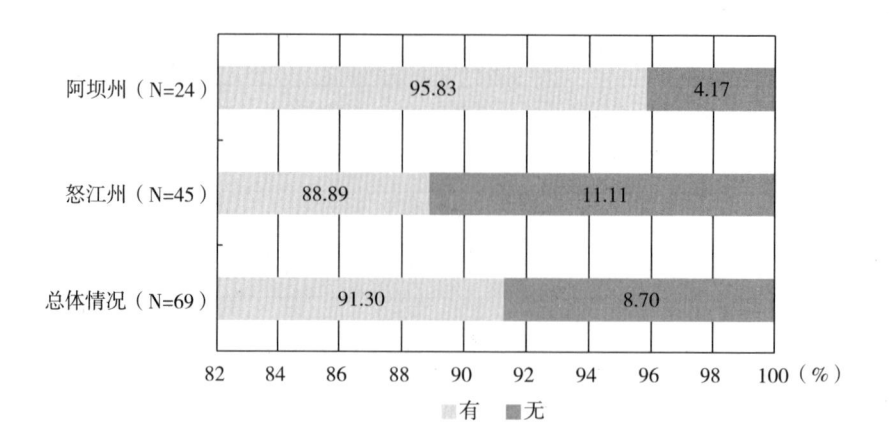

图4-20 驻村帮扶是否有实质性的帮扶效果统计结果

总体来看，怒江州和阿坝州驻村工作队覆盖率均达到了98.59%，说明驻村帮扶工作队覆盖率很高，并且驻村工作队通过宣传政策、到家中了解情况进行建档立卡、组织培训、组织务工与组织发展产业等方式为深度贫困地区的贫困户排忧解难且取得不错的效果，受访建档立卡贫困户对于驻村工作队的其他工作态度、工作内容以及工作方法和效果均表示出较高的满意度。但在调研过程中，仍然发现存在一些问题：因为驻村帮扶工作队以及帮扶负责人不仅要负责贫困户脱贫攻坚任务，而且部分帮扶负责人还需要完成所在工作岗位的工作任务，由此可能会导致少部分帮扶负责人因工作任务过重或其他原因出现上访帮扶对象次数过少，或者仅凭电话联系，甚至不去了解贫困户实际情况，从而影响整个区域扶贫脱贫攻坚战推进进程。

（五）研究结论

通过上述分析可以得出，有近90.91%的受访建档立卡贫困户表示经实施产业扶贫帮扶措施后，对家庭经济状况好转产生极大促进作用；还有92.06%的受访建档立卡贫困户表示通过实施就业扶贫帮扶措施后，有效增加了家庭经济收入；另有81.25%的受访建档立卡贫困户表示小额扶贫信贷也为改善家庭经济创造条件；约有91.30%的受访建档立卡贫困户表示驻村帮扶对扶贫脱贫攻坚战具有实质性效果。比较分析得出，就业扶贫模式的帮扶效果最好。

通过调研以及以上分析还发现，产业扶贫最突出问题为产业结构单一。首先，虽然当地贫困户获得资金或实物支持后，经过发展种植和养殖业（100%）等产业，但是这类产业存在投资期长、回报少以及经营风险不稳定，从而影响了产业发展的可持续，且对贫困户家庭收入增幅不大，影响了增收效果。其次，专业合作社带动力有限。专业合作社可集中人力、物力、资源，扩大当地产业规模，是一种极为有效的经营主体和带动贫困户发家致富的途径，但是当地贫困户对于加入合作社的兴趣不高。究其原因在于：一是当地合作社发展运营不够规范，专业合作社发展程度低，且宣传不到位，贫困户对此不够了解。二是当地产业发展带动能力不强，大户带散户、公司带贫困户、合作社带社员带动模式涉及贫困户甚少（55.56%），多数贫困户缺乏技术指导，发展的产业规模较小。再次，就业和自主创业意愿低。调研发现，不仅劳动力多在工作岗位劳动强度大、报酬低、就业不稳定的县内之间转移就业（29.11%），而且当地贫困户"等靠要"思想较为严重，自主创业意愿较低，政府难以通过就业政策调动贫困户的积极性。最后，小额扶贫信贷业务推广宣传不到位。实施小额扶贫信贷政策的目的是针对建档立卡贫困户不需要财产抵押或保险并由政府贴息或支付利息并能贷款发展经济的一项惠民财政政策。但是调查组发现怒江傈僳族自治州当地贫困户不了解扶贫小额信贷政策（70.27%），且较少（27.14%）贫困户参与小额扶贫信贷业务，如此使得小额扶贫信贷等惠民政策难以落地并发挥相应的助推扶贫脱贫工作的作用。究其缘由在于：小额扶贫信贷政策宣传工作不到位，贫困户难以全面深入地了解小额扶贫信贷政策,使得贫困户对扶贫小额信贷政策普遍存在借贷风险高等误解,最终导致贫困户不敢轻易尝试小额扶贫信贷业务。此外,即便部分贫困户对小额扶贫信贷政策有所了解,却因缺乏产业发展意识和积极性,扶贫小额信贷的当地贫困户也认为没有必要参与小额扶贫信贷业务(60.00%)。

五 林业生态扶贫效果综合评价

评价林业生态扶贫脱贫政策执行效果，最基本要求就是"两不愁三保障"，即不愁吃、不愁穿以及保障住房、保障教育、保障医疗。"两不愁三保障"已经成为我国需要实现的2020年全面脱贫目标的最低客观标准，而贫困户满意度是实施林业生态扶贫脱贫攻坚的基本主观判断标准，本研究结合主观判断和客观评价将能较为全面反映出林业生态扶贫脱贫政策执行效果好坏。

（一）"两不愁三保障"分析

1."两不愁"分析

衣、食、住、行乃人类生存根本需要，吃和穿作为马斯洛需要层次理论中的最低层次需要，理应优先被保障。

不愁吃。笔者事先考察了建档立卡贫困户的食物支出占总收入的比例、饮用水来源，并将调研数据进行分析处理。通过问卷针对"现在家里是否能吃饱"的统计结果显示，98.65%的受访贫困户表示家中都能吃饱，仅有1户受访建档立卡贫困户表示因遇到极端天气粮食歉收导致出现吃不饱现象，由此可以看出，绝大部分贫困户已经解决不愁吃问题，见图5-1。

分析表5-1可以表明，恩格尔系数小于30%的被调查建档立卡贫困户约占54.55%，恩格尔系数为31%~40%的被调查建档立卡贫困户约占9.09%，恩格尔系数为51%~58%的被调查建档立卡

否，1.35%

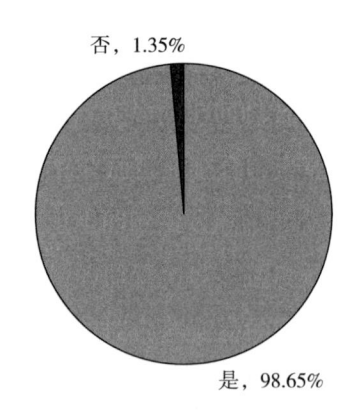

是，98.65%

图 5-1　建档立卡贫困户家里是否能吃饱统计结果

贫困户为 0，而恩格尔系数为 58% 以上的被调查建档立卡贫困户约占 22.72%。由此可见，超过两成的被调查建档立卡贫困户的每月食品支出占总收入的比重大于 58%，已属于赤贫类型，究其缘由在于建档立卡贫困户已经多年，无产业支持和无技术支撑导致家庭收入较低，家庭温饱问题成为日常所困。虽然开展扶贫脱贫攻坚战后，国家出台了一系列产业扶贫、就业扶贫、生态扶贫等政策，大部分贫困户因此迅速增加家庭纯收入从而越过了温饱线，脱离了贫困生活环境，但是为贫困户寻找指标的扶贫脱贫机制将成为日常政府工作。目前，调研资料分析表明，已有 54.55% 的被调查建档立卡贫困户的每月食品支出占总收入的比重小于 30%，已经走上了富裕的家庭生活，见表 5-1。

表 5-1　每月食品支出占总收入的比例

恩格尔系数	百分比（%）
<30%（极富裕）	54.55
31%~40%（富裕）	9.09
41%~50%（小康）	13.64
51%~58%（温饱）	0
58% 以上（赤贫）	22.72

调研饮水安全情况时,有近20.55%的被调查建档立卡贫困户回答有饮水困难;约有79.45%的被调查建档立卡贫困户回答无饮水困难。由此表明,超过两成的被调查建档立卡贫困户的饮水安全等基本生活仍无法得到保障,饮水基础设施建设依然任重道远,这将成为2020年实现全域林业生态扶贫脱贫总目标的重要障碍。进一步分析表明,怒江州与阿坝州属于高原地带,沟壑纵深、山地密布,不仅极大影响了饮水工程建设推进速度且需要较高建设成本,另外,怒江流域地处喀斯特地貌,水质硬化也影响着当地居民饮水安全,见图5-2。

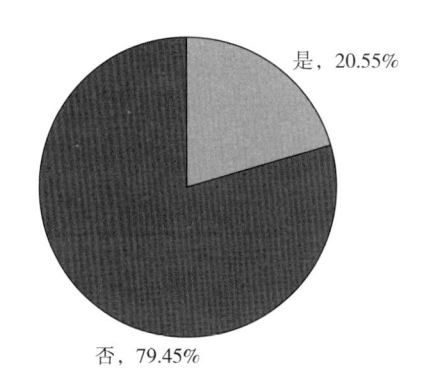

图5-2 建档立卡贫困户饮水困难情况统计结果(N=73)

进一步分析安全饮水来源表明,约有29.11%的被调查建档立卡贫困户认为其饮水来自于自来水厂,56.96%的被调查建档立卡贫困户认为其所饮山泉水来自于简易饮水工程,还有1.27%的被调查建档立卡贫困户认为其所饮水取自于沟塘河等地表水,另有3.80%的被调查建档立卡贫困户认为其饮水来自于其他地方。由此表明,被调查建档立卡贫困户饮水来源于山泉水、河水和自来水厂等,取自井水、沟塘河等地表水被调查建档立卡贫困户只有少数。由此可见,虽然大部分被调查建档立卡贫困户已经解决了饮水困难,但也不能忽视暂受饮水安全之苦的为数不少的被调查建档立卡贫困户诉求,因为他们将是扶贫脱贫工作的"最后一公里"。因此,今后实施和落实林业生态扶贫脱贫政策过程中,需要加快推进饮水安全基础设施建设,在确保建档立卡贫困户基本健康卫生得到保障的同时,按期完成扶贫脱贫攻坚任务,见表 5-2。

表 5-2　　　　　家庭饮用水来源统计结果（N=79）

家庭饮用水来源	所占百分比（%）
自来水厂	29.11
山泉水	56.96
井水	1.27
沟塘河等地表水	1.27
其他	3.80
自来水+山泉水	2.53
未作答	5.06

不愁穿。基于调研数据分析处理结果表明,已有 96.05% 的被调查建档立卡贫困户反映有应季的衣服、被子、鞋子,仅有 3.95% 的被调查建档立卡贫困户表示没有相应的应季衣服。由此表明,自 2013 年实施的林业生态扶贫脱贫政策效果已逐步显现,吃饱穿暖已得到基本保障,衣衫褴褛的建档立卡贫困户已不复存在,我国建档立卡贫困户均有了充足的衣物来抵御自然的严寒酷暑,见图 5-3。

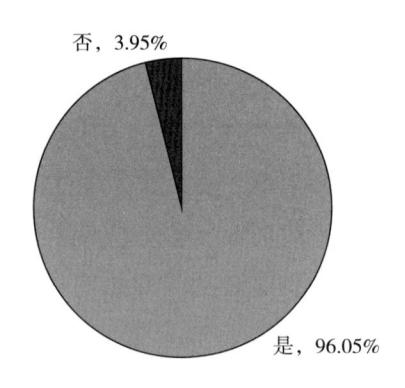

图 5-3　是否有应季衣服、被子和鞋子统计结果（N=76）

2. "三保障"分析

除了"两不愁"等最低脱贫标准以外,我国还将"三保障"作为脱贫的基本要求,即义务教育、基本医疗、住房安全有保障。从马斯洛需求层次理论来看,在怒江州、阿坝州等深度贫困地区,除了保障建档立卡贫困户的基本饮食安全与充足外,还需要保障提升知识文化、身体健康、家园和美等文化与生活层面的诉求。在"三保障"调研内容设计过程中,针对建档立卡贫困户的问卷没有"教育保障"这一部分内容,研究组考虑到建档立卡贫困户尚未脱贫,衣食住行对其来说更为重要,教育保障重要性居于次之;而针对脱贫户,教育保障已经成为提升知识文化重要途径,因此将教育保障放在了重要位置,而且设置了义务教育阶段、大学教育阶段两个部分。

住房保障。家中住房数量问题进行调研统计结果显示,约为58.23%的受访建档立卡贫困户认为家中有 1 套住房,另有39.24%的受访建档立卡贫困户表示家中并无住房,仅有2.53%的贫困户表示家中有两套住房。由此可见,还有相当一部分受访建档立卡贫困户家中并无住房,住房保障依然任重道远,见表5-3。

表5-3　　　　　　家中住房数量统计结果（N=79）

房屋数量（套）	0	1	2
占比（%）	39.24	58.23	2.53

进一步对建档立卡贫困户无自住房的原因分析表明,约为33.33%的受访建档立卡贫困户已经拥有村中统一安置房但尚未搬迁入住,还有20.00%的受访建档立卡贫困户表示已经分家但只能居住在父母家或是子女家,还有6.67%的受访建档立卡贫困户住在亲戚朋友家,剩余40.00%的受访建档立卡贫困户由于其他原因而尚未享受自住房保障,见表5-4。

表 5-4　无自有住房的贫困户居住何处统计结果（N=15）

居住位置	子女/父母家	亲戚朋友家	村里安置房	其他
占比（％）	20.00	6.67	33.33	40.00

基于整理和筛选出的有效调查数据，并结合贫困户自述和实地情况，调查组成员判断受访建档立卡贫困户住房较安全所占比例为 48.10％，另有近 12.66％ 的受访建档立卡贫困户住房不安全，其中不安全住房比例中仅有 40.00％ 的受访建档立卡贫困户进行了危房改造，由此可见，还有相当一部分受访建档立卡贫困户尚未享受危房改造政策，见表 5-5。

表 5-5　住房安全情况统计结果

判断住房不安全比例（％）	不安全住房进行危房改造比例（％）
12.66	40.00

2014 年以来，享受过危房改造政策的被调查建档立卡贫困户占了 46.84％，未享受过危房改造政策的被调查建档立卡贫困户只占了 25.32％。在已享受危房改造政策的被调查建档立卡贫困户中，享受该政策的建档立卡贫困户主要集中于 2016 年，危房补贴平均 16652.97 元，平均个人承担 23553.43 元，至 2018 年底，约有 75.68％ 的被调查建档立卡贫困户的危房改造已完工且通过验收。由此可见，还有相当一部分被调查建档立卡贫困户尚未享受过危房改造政策，因此，在继续推进林业生态扶贫脱贫攻坚工程中，不仅需要注重林业生态移民工程，而且需要重视生态承载地的建档立卡贫困户的危房改造工作推进进度；尽管已经验收大部分危房改造工程，但仍需重视尚未通过验收的危房改造，毕竟怒江傈僳族自治州和阿坝藏族羌族自治州等深度贫困地区各村落所在都是高山地区，沟壑纵深，地质灾害频发，自然环境十分恶劣，再加上夏季时常遇到暴雨，十分容易引发山体滑坡和泥石流等自然灾害，不仅危及贫

困地区村民的生命安全,而且使得即将脱贫的建档立卡贫困户再度重返贫,见表5-6。

表5-6　　　　　　　　危房改造情况统计结果

2014年以后享受危房改造政策比例(%)	危房改造的补贴(元)	自己出了多少积蓄建房(不包含装修、购买家具及家用电器等费用)(元)	危房改造完工后通过验收的比例(%)
46.84%	16652.97	23553.43	75.68

分析调研材料还显示,异地搬迁后,大部分建档立卡贫困户在就业务工(均值1.15)、产业发展均值(1.14)、义务教育(均值1.08)医疗(均值1.14)、住房(均值1.17)以及交通(均值1.2)等多方面生产生活活动都有了较大改善,建档立卡贫困户亦对林业生态扶贫攻坚推进进度表达了比较满意的意见,见表5-7。

表5-7　　　　　　　　异地搬迁情况统计结果

搬迁后就业务工改善情况	搬迁后产业发展(含经商创业)改善情况	搬迁后义务教育改善情况	搬迁后医疗改善情况	搬迁后住房改善情况	搬迁后交通改善情况
1.15	1.14	1.08	1.14	1.17	1.2

注:1=变好了;2=差不多;3=变差了;4=不适用。

医疗保障。聚焦"三区三州"等深度贫困地区和因病致贫返贫等特殊贫困人口,立足当前、着眼长远,精准施策、综合保障,实现参保缴费有资助、待遇支付有倾斜、基本保障有边界、管理服务更高效、就医结算更便捷,充分发挥基本医保、大病保险、医疗救助各项制度作用,切实提高农村贫困人口医疗保障受益水平。统计分析调研数据显示,约有91.14%的被调查建档立卡贫困户已享受医保,其中有77.22%的被调查建档立卡贫困户的城乡居民基本医疗保险个人缴费部分由财政补贴,另有 5.06% 的被调查建档立卡贫困户认为其城乡居民基本医疗保险个人缴费部分无补贴或不清楚。

进一步分析看病花费与医疗费用减轻与否问题表明,除去报销部分,到医院治疗大病的平均花费为 16527.82 元。到医院治疗大病,住院费一站式报销比例为 56.96%,关于"现在看病和以前相比负担是否减轻",约有 71.64% 的被调查建档立卡贫困户认为,实施林业生态扶贫脱贫政策致其非常明显地减轻了医疗费用,约有 13.43% 的被调查者认为比较明显地减轻了医疗费用,另有 14.93% 的被调查建档立卡贫困户认为并未减轻其医疗费用负担,总体上建档立卡贫困户认为现在看病和以前相比负担减轻的比较明显。由此表明,被调查建档立卡贫困户尚未实现农村贫困人口基本医保、大病保险和医疗救助全覆盖,其中对特困人员参保缴费给予全额补贴、对农村建档立卡贫困人口给予定额补贴也未全覆盖。因此,国家在医疗保险的落实和推广过程中,需要高度重视贫困人口的看病难与看病贵等问题,不论是城镇还是乡村的贫困人口,见表 5-8。

表 5-8　　　　　　　　基本医疗情况统计结果

全家享受健康扶贫政策比例(城乡居民基本医疗保险和大病医疗保险)(%)	全家都享受健康扶贫政策比例(城乡居民基本医疗保险个人缴费部分有财政补贴)(%)	除去报销,自己的看病花费(元)	到医院治疗大病,住院费是一站式(一窗口)报销比例(%)	现在看病和以前相比负担减轻
91.14	77.22	16527.82	56.96	1.81

注:负担减轻:1=非常明显;2=比较明显;3=不明显。

教育保障。分析调研问卷表明,怒江傈僳族自治州与阿坝藏族羌族自治州政府及其教育行政管理部门不仅认真实施 15 年免费教育,而且对贫困幼儿实施严格义务教育阶段的"零"收费政策和营养餐计划政策。不仅给予义务教育段学生免除课本费、作业本费、教辅资料费,而且对居住在边远山区的寄宿生实施生活补助。此外,还构建了辍学联保联控责任体系,"以县为主",加强镇、街办、村级组织以及相关部门联保联控责任,确保适龄儿童少年按时入学和防止辍学。另外,还实施结对帮扶方案,从思想、心理、学业等多方面,扎实推进建档立卡学生实行"一对一""多对一"帮扶工作,确保帮扶工作取得实效。教育扶贫保障体系保障了贫困家庭学生受教育权利,提升贫困家庭学生受教育水平,但是,贫困地区大学生数量明显不足,需要在国家专项、高校专项计划精准到贫困区县,地方专项计划精准到贫困村。按国家要求落实中西部农村订单定向免费本科招生计划,每年从全州农村小学全科教师定向招生计划单列一定数量计划招录贫困家庭高中毕业生,以此不断提升贫困地区人民的文化素质水平。

3. 研究结论

通过"两不愁三保障"的分析可以得出以下主要结论:(1)高恩格尔系数贫困户多。从每月在食品支出占总收入比例(恩格尔系数)角度分析"两不愁三保障"表明,有54.55%被调查建档立卡贫困户的恩格尔系数小于30%,属于富裕类型;还有22.73%的被调查建档立卡贫困户的恩格尔系数超过58%,属于赤贫类型。由此可以说明,从实施林业生态扶贫脱贫攻坚过程来看,当地的扶贫政策存在着帮扶不平衡、扶贫措施不当、扶贫政策缺乏针对性等问题。(2)有些地方还是存在饮水安全与困难。回答有饮水困难的建档立卡贫困户占调研总数的20.55%,约有79.45%的建档立卡贫困户认为他们不存在饮水困难。如此说明被调查对象所在地区还有不少的建档立卡贫困户基本生活仍无法得到保障,饮用水问题依然成为束缚林业生态扶贫脱贫基础性障碍。(3)危房政策落实不到位。在有效调研问卷中,2014年以来享受过危房改造政策的建档立卡贫困户占了46.84%,未享受过危房改造政策的建档立卡贫困户约为25.32%,在享受危房改造政策的建档立卡贫困户里,有近75.68%的建档立卡贫困户的危房改造已完工且通过验收。可以看出,未享受过危房改造政策的贫困户仍然不少,危房改造政策并未惠及所有有需要的人,这既反映出政策名额有限,也反映出危房改造工程略显拖沓,因此才未能够及时验收。(4)医院看病程序复杂。医院看病程序复杂且费用较高等已经成为深度贫困地区普遍性的问题,且很多贫困户因此陷入贫困或者返贫,如此需要医疗主管部门引起高度重视,简便的医疗过程及服务和药到病除的低费用治疗方法才是大势所趋以及降低贫困率的重要途径。

(二)林业生态扶贫贫困户满意度评价

1. 指标体系构建

根据查阅和收集的已有研究文献,发现林业生态扶贫脱贫政策执行效果的评价指标众多,不同的研究者基于自己不同研究内容、知识背景、研究学科等构造的效果评价指标体系也不尽相同。为科学、合理、准确地确定和选择评价指标,在构造林业生态扶贫脱贫政策执行效果的评价指标体系时,须坚持与遵守可行性、重要性、可比性、互斥性原则,结合赴怒江州、阿坝州的调研情况,笔者进行了指标初选,构建林业生态扶贫脱贫政策执行效果的一级评价指标体系,并采用重要性咨询法筛选出最终评价指标,形成二级评价指标体系,整个执行效果评价指标体系见表5-9。

表5-9 林业生态扶贫政策执行效果评价指标体系

总指标	一级指标	二级指标	指标性质
林业生态扶贫政策满意度评价指标体系	识别满意度(5个)	帮扶政策宣传到位程度(满意程度)	+
		识别标准科学(满意程度)	+
		识别方式合理(满意程度)	+
		识别过程透明度(满意程度)	+
		识别结果准确(满意程度)	+

续表

总指标	一级指标	二级指标	指标性质
林业生态扶贫政策满意度评价指标体系	帮扶满意度（7个）	政府重视程度（满意程度）	+
		帮扶政策满意度（满意程度）	+
		帮扶人员满意度（满意程度）	+
		帮扶项目满意度（满意程度）	+
		帮扶进度满意度（满意程度）	+
		帮扶资金满意度（满意程度）	+
		帮扶政策有用性满意度（满意程度）	+
	效果满意度（2个）	现在生活满意度（满意程度）	+
		林业（草原）政策社会兜底脱贫（满意程度）	+

识别是进行林业生态扶贫脱贫攻坚的首要前提，属于一级指标的识别满意度包括了帮扶政策宣传到位程度、识别标准科学、识别方式合理、识别过程透明、识别结果准确等5个二级指标。一般情况下，识别越精准、宣传越到位、方式越合理、过程透明度越高则结果越准确，林业生态扶贫脱贫政策实施效果也会越显著。

帮扶是进行林业生态扶贫脱贫的核心环节和过程，作为扶贫脱贫进程的主体，帮扶对象的满意度是评价林业生态扶贫脱贫攻坚的至关重要因素。属于一级指标的帮扶满意度包括政府重视程度、帮扶政策满意度、帮扶人员满意度、帮扶项目满意度、帮扶进度满意度、帮扶资金满意度、帮扶政策有用性满意度等7个二级指标。通常帮扶项目越受政府重视、帮扶政策越使贫困户满意、帮扶人员越认真负责、帮扶项目越具有实用性、帮扶进度越快、帮扶资金越到位则帮扶政策越有用，林业生态扶贫政策就越使人满意。

效果评价是进行林业生态扶贫脱贫攻坚的最终环节，它反映了林业生态扶贫脱贫攻坚产生的作用大小。在效果满意度一级指标中，包括了现在生活满意度、林业（草原）政策社会兜底脱贫满意度2个二级指标。一般来说，现在生活越使贫困户满意、社会兜底脱贫政策越使建档立卡贫困户放心，林业生态扶贫脱贫政策也就越让人满意,当地建档立卡贫困户的幸福感也就会大大提升。

对以上指标进行定性分析,可以确定的是,每一个指标都是正指标类型,即评分越高,扶贫效果就越好。

2. 指标权重确定

笔者采用层次分析法确定权重,设计调查问卷征询专家意见,调查对象包括广西财经学院以及部分省区林业局与科研院所专家。首先,构造矩阵及层次单排序;其次,通过层次总排序计算结果;最后,检验层次总排序的一致性。计算出层次总排序后,进行组合一致性检验,以确定层次排序总结果是否可以作为最终决策依据。

组合一致性比率结果为 0.0692 < 0.1,表明计算得到的层次总排序满足要求,可作为决策使用。在上述权重计算基础上,形成怒江傈僳族自治州和阿坝藏族羌族自治州林业生态扶贫脱贫效果评价的权重分布表,具体见表 5 - 10。

表 5 - 10　　　　顶层目标层次分析模型

上级元素	底层元素	结论值(全局权重)	同级权重
识别满意度 (0.3336)	帮扶政策宣传到位程度	0.0153	0.046
	识别标准科学	0.0694	0.2081
	识别方式合理	0.0626	0.1879
	识别过程透明度	0.0991	0.2973
	识别结果准确	0.0869	0.2607
帮扶满意度 (0.333)	政府重视程度	0.0435	0.1306
	帮扶政策满意度	0.062	0.1859
	帮扶人员满意度	0.0655	0.1966
	帮扶项目满意度	0.0487	0.146
	帮扶进度满意度	0.0439	0.1317
	帮扶资金满意度	0.0322	0.0967
	帮扶政策有用性满意度	0.0375	0.1124
效果满意度 (0.3334)	现在生活满意度	0.1667	0.5
	林业政策社会兜底脱贫	0.1667	0.5

通过软件分析得出的权重值分为全局权重值和同级权重值，由于考虑到各指标都是基于建档立卡贫困户满意度这个标准之下的，因此，在进行绩效指数计算时，采用了全局权重。

3. 评价指标程度

层次分析法的计算需要遵循一定的规则和程序，而建档立卡贫困户满意度值都是1~5，为了便于将结果进行比较，需要把贫困户和脱贫户的14项满意度指标平均值求出，该值将会是1~5。

帮扶政策宣传到位程度满意度（C1）：对怒江傈僳族自治州和阿坝藏族羌族自治州林业生态扶贫帮扶政策宣传到位程度的满意度调查情况，其平均值为4.2297，介于满意（满意=4）与非常满意（非常满意=5）之间，说明大部分贫困户认为该政策的宣传到位程度还是非常满意的；标准差为0.9869，表明数据的离散程度较小，数据比较集中；最小值为1，也存在5.41%的贫困户认为帮扶政策宣传到位程度较差，对扶贫脱贫的改善不利；最大值为5，表明存在45.95%的贫困户对政府帮扶政策的宣传到位程度非常满意。

识别标准科学程度满意度（C2）：对怒江傈僳族自治州和阿坝藏族羌族自治州林业生态扶贫帮扶政策识别标准科学程度的满意度调查情况，其平均值为4.1892，介于满意（满意=4）与非常满意（非常满意=5）之间，说明大部分建档立卡贫困户对识别标准的科学程度还是非常满意的；标准差为0.9605，表明数据的离散程度较小，显示数据比较集中；最小值为1，也存在5.41%的贫困户对识别标准科学程度不满意，对扶贫脱贫推进工作的改善不利；最大值为5，表明存在40.54%的建档立卡贫困户对识别标准科学程度非常满意。

识别方式合理满意度（C3）：对怒江傈僳族自治州和阿坝藏族羌族自治州林业生态扶贫帮扶政策识别方式合理程度的满意度调查情况，其平均值为4.2027，介于满意（满意=4）与非常满意（非常满意=5）之间，说明大部分建档立卡贫困户认为识别方式比较合理；标准差为0.9790，表明数据的离散程度较小，显示数据比较集中；最小值为1，也存在5.41%的受访建档立卡贫困户对识别方式合理程度不满意，对扶贫脱贫攻坚工作的改善不利；最大值为5，表明存在43.24%的建档立卡贫困户对识别方式合理程度非常满意。

识别过程透明度满意度（C4）：对怒江傈僳族自治州和阿坝藏族羌族自治州林业生态扶贫帮扶政策识别过程透明度的满意度调查情况，其平均值为4.2568，介于满意（满意=4）与非常满意（非常满意=5）之间，说明大部分建档立卡贫困户认为识别过程比较透明；标准差为0.9225，表明数据的离散程度较小，显示数据比较集中；最小值为1，也存在4.05%的受访建建档立卡贫困户对识别过程透明程度不满意，对扶贫脱贫推进的改善不利；最大值为5，表明存在45.95%的建档立卡贫困户对识别过程透明程度非常满意。

识别结果准确程度满意度（C5）：对怒江傈僳族自治州和阿坝藏族羌族自治州林业生态扶贫帮扶政策识别结果准确的满意度调查情况，其平均值为4.2027，介于满意（满意=4）与非常满意（非常满意=5）之间，说明大部分建档立卡贫困户认为识别结果比较准确；标准差为1.0201，表明数据的离散程度较小，显示数据比较集中；最小值为1，也存在5.41%的受访建档立卡贫困户对识别结果不满意，对扶贫脱贫推进工作的改善不利；最大值为5，表明存在45.95%的受访建档立卡贫困户对识别结果准确程度非常满意。

政府重视程度满意度（C6）：对怒江傈僳族自治州和阿坝藏族羌族自治州林业生态扶贫帮扶政策政府重视程度的满意度调查情况，其平均值为4.2973，介于满意（满意=4）与非常满意（非常满意=5）之间，说明大部分建档立卡贫困户对政府重视程度比较满意；标准差为0.9025，表明数据的离散程度较小，显示数据比较集中；最小值为1，也存在4.05%的受访建档立卡贫困户对政府重视程度不满意，对扶贫脱贫推进工作的改善不利；最大值为5，表明存在47.30%的受访建档立卡贫困户对政府重视程度非常满意。

帮扶政策满意度（C7）：对怒江傈僳族自治州和阿坝藏族羌族自治州林业生态扶贫帮扶政策满意度调查情况，其平均值为

4.2432，介于满意（满意＝4）与非常满意（非常满意＝5）之间，说明大部分建档立卡贫困户对帮扶政策比较满意；标准差为0.9625，表明数据的离散程度较小，显示数据比较集中；最小值为1，也存在5.41%的受访建档立卡贫困户对帮扶政策不满意，对扶贫脱贫推进工作的改善不利；最大值为5，表明存在44.59%的受访建档立卡贫困户对政府帮扶政策非常满意。

帮扶人员满意度（C8）：对怒江傈僳族自治州和阿坝藏族羌族自治州林业生态扶贫帮扶人员满意度调查情况，其平均值为4.1757，介于满意（满意＝4）与非常满意（非常满意＝5）之间，说明大部分建档立卡贫困户对帮扶人员比较满意；标准差为1.0117，表明数据的离散程度较小，显示数据比较集中；最小值为1，也存在5.41%的受访建档立卡贫困户对帮扶人员不满意，对扶贫脱贫推进工作的改善不利；最大值为5，表明存在44.59%的受访建档立卡贫困户对帮扶人员非常满意。

帮扶项目满意度（C9）：对怒江傈僳族自治州和阿坝藏族羌族自治州林业生态扶贫帮扶项目满意度调查情况，其平均值为4.0811，介于满意（满意＝4）与非常满意（非常满意＝5）之间，说明大部分建档立卡贫困户对帮扶项目比较满意；标准差为0.9898，表明数据的离散程度较小，显示数据比较集中；最小值为1，也存在4.05%的受访建档立卡贫困户对帮扶项目不满意，对扶贫脱贫推进工作的改善不利；最大值为5，表明存在37.84%的受访建档立卡贫困户对帮扶项目非常满意。

帮扶进度满意度（C10）：对怒江傈僳族自治州和阿坝藏族羌族自治州林业生态扶贫帮扶进度满意度调查情况，其平均值为4.0811，介于满意（满意＝4）与非常满意（非常满意＝5）之间，说明大部分建档立卡贫困户对帮扶进度比较满意；标准差为0.9898，表明数据的离散程度较小，显示数据比较集中；最小值为1，也存在4.05%的受访建档立卡贫困户对帮扶进度不满意，对扶贫脱贫推进工作的改善不利；最大值为5，表明存在37.84%的建档立卡贫困户对帮扶进度非常满意。

帮扶资金满意度（C11）：对怒江傈僳族自治州和阿坝藏族羌族自治州林业生态扶贫帮扶资金满意度调查情况，其平均值为4.0405，介于满意（满意=4）与非常满意（非常满意=5）之间，说明大部分建档立卡贫困户对帮扶资金比较满意；标准差为1.0262，表明数据的离散程度较小，显示数据比较集中；最小值为1，也存在4.05%的受访建档立卡贫困户对帮扶资金不满意，对扶贫脱贫推进工作的改善不利；最大值为5，表明存在39.19%的受访建档立卡贫困户对帮扶资金非常满意。

帮扶政策有用性满意度（C12）：对怒江傈僳族自治州和阿坝藏族羌族自治州林业生态扶贫帮扶政策有用性满意度调查情况，其平均值为4.1486，介于满意（满意=4）与非常满意（非常满意=5）之间，说明大部分建档立卡贫困户认为帮扶政策比较有用；标准差为0.9887，表明数据的离散程度较小，显示数据比较集中；最小值为1，也存在5.41%的受访建档立卡贫困户认为帮扶政策无用，对扶贫脱贫推进工作的改善不利；最大值为5，表明存在40.54%的受访建档立卡贫困户认为帮扶政策非常有用。

现在生活满意度（C13）：对怒江傈僳族自治州和阿坝藏族羌族自治州林业生态扶贫贫困户现在生活满意度调查情况，其平均值为4.0676，介于满意（满意=4）与非常满意（非常满意=5）之间，说明大部分建档立卡贫困户对现在生活比较满意；标准差为1.0381，表明数据的离散程度较小，显示数据比较集中；最小值为1，也存在5.41%的受访建档立卡贫困户对现在生活表示不满，对扶贫脱贫推进工作的改善不利；最大值为5，表明存在39.19%的受访建档立卡贫困户对现在生活非常满意。

林草政策社会兜底脱贫满意度（C14）：对怒江傈僳族自治州和阿坝藏族羌族自治州林业生态扶贫林草政策社会兜底脱贫满意度调查情况，其平均值为4.2568，介于满意（满意=4）与非常满意（非常满意=5）之间，说明大部分建档立卡贫困户对林草政策社会兜底脱贫比较满意；标准差为0.9940，表明数据的离散程度较小，显示数据比较集中；最小值为1，也存在5.41%的受访建档立卡贫困户对林草政策社会兜底脱贫表示不满，对扶贫脱贫推进工作的改善不利；最大值为5，表明存在48.65%的受访建档立卡贫困户对林草政策社会兜底脱贫非常满意，见表5-11。

表5-11　　　　　　　　　样本户基本特征

变量编码	样本数（N）	平均数（M）	变准差（S.D.）	最小（Min）	最大值（Max）
C1	74	4.2297	0.9869	1	5
C2	74	4.1892	0.9605	1	5
C3	74	4.2027	0.9790	1	5
C4	74	4.2568	0.9225	1	5
C5	74	4.2027	1.0201	1	5
C6	74	4.2973	0.9025	1	5
C7	74	4.2432	0.9625	1	5
C8	74	4.1757	1.0117	1	5
C9	74	4.0811	0.9898	1	5
C10	74	4.0811	0.9898	1	5
C11	74	4.0405	1.0262	1	5
C12	74	4.1486	0.9887	1	5
C13	74	4.0676	1.0381	1	5
C14	74	4.2568	0.9940	1	5

4. 模糊综合评价

（1）建立要素集、隶属矩阵

根据上述评价指标体系表建立综合评价指标因素集为：

$U = \{u_1, u_2, u_3, u_4, u_5\}$

评价指标体系指标权重的计算结果见评价指标体系权重表。

评价集为 $V = \{v_1, v_2, v_3, v_4, v_5\}$，分别定义 v_1 为综合满意度非常不好、v_2 为综合满意度不好、v_3 综合满意度一般、v_4 综合满意度较好、v_5 综合满意度非常好，可简述表示为：

$V = \{$非常不满意，不满意，一般，满意，非常满意$\}$。

经调研数据整理得怒江傈僳族自治州和阿坝藏族羌族自治州林业生态扶贫贫困户满意度综合评价单因素隶属度综合判别矩阵表，详见表5-12。

表5-12　　　　单因素隶属度综合判别矩阵表（N=74）

评价指标	非常不满意	不满意	一般	满意	非常满意
C1	4	0	5	31	34
C2	4	0	4	36	30
C3	4	0	5	33	32
C4	3	0	6	31	34
C5	4	1	5	30	34
C6	3	0	4	32	35
C7	4	0	3	34	33
C8	4	0	8	29	33
C9	3	2	9	32	28
C10	3	2	9	32	28
C11	3	2	13	27	29
C12	4	0	7	33	30
C13	4	1	10	30	29
C14	4	0	5	29	36

（2）评价指标层效益模糊评价

①识别满意度层面评价：识别满意度评价指标（B1）包含的具体评价指标有帮扶政策宣传到位程度满意度（C1）、识别标准科学程度满意度（C2）、识别方式合理满意度（C3）、识别过程透明度

满意度（C4）、识别结果准确满意度（C5）5个指标，根据调研结果整理、计算得出模糊综合评价的单因素判别矩阵为：

$$R_{B1} = \begin{bmatrix} 0.0541 & 0.0000 & 0.0676 & 0.4189 & 0.4595 \\ 0.0541 & 0.0000 & 0.0541 & 0.4865 & 0.4050 \\ 0.0541 & 0.0000 & 0.0667 & 0.4459 & 0.4324 \\ 0.0405 & 0.0000 & 0.0811 & 0.4189 & 0.4595 \\ 0.0541 & 0.0135 & 0.0676 & 0.4054 & 0.4594 \end{bmatrix}$$

识别满意度模块评价指标的权重为：

$$w_{B1} = \begin{bmatrix} 0.046 & 0.2081 & 0.1879 & 0.2973 & 0.2607 \end{bmatrix}$$

则有识别满意度层面模糊综合评价的判别结果为：

$$B_1 = R_{B1} \times w_{cB1} = \begin{bmatrix} 0.0500 & 0.0035 & 0.0688 & 0.4345 & 0.4431 \end{bmatrix}$$

通过上述研究可知，对怒江傈僳族自治州和阿坝藏族羌族自治州林业生态扶贫满意度指标中识别满意度模块，87.76%的受访建档立卡贫困户对贫困户的识别是满意的，其中44.31%的受访建档立卡贫困户对于识别是非常满意的；6.88%的受访建档立卡贫困户认为识别的满意度一般，总体上还是存在不科学、不合理的情况；也有5.35%的受访建档立卡贫困户对贫困户的识别是不满意的，甚至是非常不满意的。从整体来看，怒江傈僳族自治州和阿坝藏族羌族自治州林业生态扶贫满意度指标中识别满意度模块模糊综合评价的结果处于偏上（满意与非常满意）的水平，即贫困户的识别效果是相对明显的，贫困户的满意度也是比较高的。

②帮扶满意度层面评价：帮扶满意度层面评价指标（B2）的具体评价指标包括政府重视程度满意度（C6）、帮扶政策满意度（C7）、帮扶人员满意度（C8）、帮扶项目满意度（C9）、帮扶进度满意度（C10）、帮扶资金满意度（C11）、帮扶政策有用性满意度（C12）7个指标。根据调研结果整理、计算得出模糊综合评价的单因素判别矩阵为：

$$\boldsymbol{R}_{B2} = \begin{bmatrix} 0.0405 & 0.0000 & 0.0541 & 0.4324 & 0.4730 \\ 0.0541 & 0.0000 & 0.0405 & 0.4595 & 0.4459 \\ 0.0541 & 0.0000 & 0.1081 & 0.3919 & 0.4459 \\ 0.0405 & 0.0270 & 0.1216 & 0.4324 & 0.3784 \\ 0.0405 & 0.0270 & 0.1216 & 0.4324 & 0.3784 \\ 0.0405 & 0.0270 & 0.1757 & 0.3649 & 0.3919 \\ 0.0541 & 0.0000 & 0.0946 & 0.4459 & 0.4054 \end{bmatrix}$$

帮扶满意度模块评价指标的权重为:

$$w_{B2} = \begin{bmatrix} 0.1306 & 0.1859 & 0.1966 & 0.146 & 0.1317 \end{bmatrix}$$

则有帮扶满意度层面模糊综合评价的判别结果为:

$$B_{B2} = \boldsymbol{R}_{B2} \times w_{B2} = \begin{bmatrix} 0.0472 & 0.0101 & 0.0973 & 0.4245 & 0.4209 \end{bmatrix}$$

通过上述研究可知,对怒江傈僳族自治州和阿坝藏族羌族自治州林业生态扶贫满意度指标中帮扶满意度模块,84.54%的受访建档立卡贫困户认为帮扶层面达到满意程度,其中42.09%的受访建档立卡贫困户认为帮扶层面已经达到了非常满意的程度;9.73%的贫困户认为帮扶层面的满意度也就一般,还是有存在不满意的地方,同时也有5.73%的建档立卡贫困户认为"三区三州"区域的林业生态扶贫在帮扶中还是存在问题。从整体来看,"三区三州"林业生态扶贫满意度指标中帮扶满意度模块的满意度达到了满意程度以上,说明建档立卡贫困户对国家的帮扶措施还是认可的。

③帮扶效果层面评价:帮扶效果评价指标(B3)包含的二级评价指标有现在生活满意度(C13)、林草政策社会兜底脱贫满意度(C14)两个综合指标,根据调研结果整理、计算得出模糊综合评价的单因素判别矩阵为:

$$\boldsymbol{R}_{B3} = \begin{bmatrix} 0.0541 & 0.0135 & 0.1351 & 0.4054 & 0.3919 \\ 0.0541 & 0.0000 & 0.0676 & 0.3919 & 0.4865 \end{bmatrix}$$

帮扶效果模块评价指标的权重为:

$$w_{B3} = \begin{bmatrix} 0.5 & 0.5 \end{bmatrix}$$

则有帮扶效果层面模糊综合评价的判别结果为:

$$B_{B3} = R_{B3} \times w_{B3} = [0.0541 \quad 0.0068 \quad 0.1014 \quad 0.3986 \quad 0.4392]$$

通过上述研究可知，对怒江傈僳族自治州和阿坝藏族羌族自治州林业生态扶贫满意度指标中帮扶效果模块，83.78%的受访建档立卡贫困户认为林业生态扶贫的效果是满意的，其中43.92%的建档立卡贫困户对林业生态扶贫效果是非常满意的；也有10.14%的受访建档立卡贫困户认为林业生态扶贫的效果一般；同时也有6.09%的贫困户对林业生态扶贫的效果是不满意的。

从整体来看，怒江傈僳族自治州和阿坝藏族羌族自治州林业生态扶贫的效果模糊综合评价的结果处于中等偏上的水平，即受访建档立卡贫困户对林业生态扶贫的效果是相对比较满意的。

（3）综合模糊评价

在上述社会效益综合各层评价的基础上，得出各个层面的指标体系子系统的模糊评价结果，其中，第一层评价指标的评价结果如表5-13所示。

表5-13　　　　指标体系子系统的模糊综合评价结果

子系统	非常不满意	不满意	一般	满意	非常满意
识别满意度	0.0500	0.0035	0.0688	0.4345	0.4431
帮扶满意度	0.0472	0.0101	0.0973	0.4245	0.4209
效果满意度	0.0541	0.0068	0.1014	0.3986	0.4392

由表5-13可以得出怒江傈僳族自治州和阿坝藏族羌族自治州林业生态扶贫满意度指标综合评价指标单因素隶属评价矩阵：

$$R_A = \begin{bmatrix} 0.0500 & 0.0035 & 0.0688 & 0.4345 & 0.4431 \\ 0.0472 & 0.0101 & 0.0973 & 0.4245 & 0.4209 \\ 0.0541 & 0.0068 & 0.1014 & 0.3986 & 0.4392 \end{bmatrix}$$

怒江傈僳族自治州和阿坝藏族羌族自治州林业生态扶贫满意度指标综合评价指标的权重为：

$$w_A = \begin{bmatrix} 0.3336 & 0.3330 & 0.3334 \end{bmatrix}$$

则有怒江傈僳族自治州和阿坝藏族羌族自治州林业生态扶贫满意度综合评价指标判别结果为：

$$B_A = \mathbf{R}_A \times w_A = \begin{bmatrix} 0.05041 & 0.0068 & 0.0891 & 0.4192 & 0.4344 \end{bmatrix}$$

通过上述研究可知，怒江傈僳族自治州和阿坝藏族羌族自治州林业生态扶贫满意度综合评价，有近43.44%的建档立卡贫困户受访认为怒江傈僳族自治州和阿坝藏族羌族自治州林业生态扶贫是非常令人满意的，各个方面都做得相对比较充分；约有41.92%的受访建档立卡贫困户也是很满意的，但是还有14.64%的受访建档立卡贫困户认为林业生态扶贫满意度一般或较差。从整体来看，怒江傈僳族自治州和阿坝藏族羌族自治州林业生态扶贫满意度已经是十分令人满意了。

5. 研究结论

通过上述分析，从全局整体上看，识别标准科学满意程度、识别方式合理满意程度、识别过程透明度满意程度、帮扶人员满意度、帮扶项目满意度、帮扶进度满意度、林业（草原）政策社会兜底脱贫满意度等方面的实际值与满意标准值相差不大，甚至帮扶政策宣传到位程度满意度、识别结果准确满意度、政府重视程度满意度、帮扶政策满意度、帮扶政策有用性满意度已经超过标准值，但是两者与选定的标准值还是存在一定的差距。从同级权重中比较分析来看，识别满意度和帮扶满意度绩效系数更趋向于"非常满意"，而效果满意度绩效系数则略显逊色，微高于"满意"。综合两类算法来看，帮扶资金满意度（满意程度占比36.49%，非常满意程度占比39.19%）、现在生活效果满意度（满意程度占比40.54%，非常满意程度占比39.19%）还有待提高，这将是今后继续推进林业生态扶贫努力的方向。

（三）林业生态扶贫对村庄发展的影响①

林业生态扶贫不仅对贫困户"两不愁三保障"进行帮扶，同时对村庄环境、基础设施、文卫设施、医疗教育与村民自治等都起到了重要的作用，本部分主要根据研究需要分情况设置了"以前有问题，现在变好""以前有问题，尚未解决""以前和现在都没问题""以前没问题，现在有问题"四种情况进行调查，依据调查结果对林业扶贫政策对于村庄发展效果进行定性评价。具体表现如下。

1. 村庄环境条件

在卫生环境方面，76.92%的贫困户认为卫生环境以前有问题，但现在卫生环境变好了；约为17.95%的受访建档立卡贫困户更是认为以前和现在都没有问题；同时有2.56%的受访建档立卡贫困户认为村庄卫生环境以前存在一些问题，但尚未得到有效的解决；认为卫生环境以前没有问题，觉得现在有问题的受访建档立卡贫困户仅占2.56%。综上可知，在卫生环境方面，甚至出现以前村庄卫生环境没有问题，但现在出现问题的情况，村庄卫生环境需进一步加强改善，具体见表5-14。

表5-14　村庄环境条件变化情况统计结果（N=39）

评价指标	以前有问题，现在变好（%）	以前有问题，尚未解决（%）	以前和现在都没问题（%）	以前没问题，现在有问题（%）
卫生环境	76.92	2.56	17.95	2.56

2. 村庄基础设施

针对村庄发展基础设施变化情况这一问题的调查数据，通过对

---

① 本部分分析基于脱贫户调查问卷数据进行分析。

怒江傈僳族自治州和阿坝藏族羌族自治州贫困户的调研统计分析可知，村庄发展基础设施主要包括交通出行条件、电力设施、通信设施、饮水设施和文体设施。

交通条件方面，约为71.79%的受访建档立卡贫困户表示交通出行条件以前有问题但现在问题得到解决，交通变得更加便利；还有12.82%的受访建档立卡贫困户表示交通出行条件以前有问题，现在问题尚未得到有效的解决；另有15.38%的受访建档立卡贫困户表示村庄以前和现在都没问题；没有受访建档立卡贫困户反映村庄以前没问题，现在有问题的情况。由此可以看出，村庄的交通出行条件发展正在朝着好的方向发展，但仍旧存在一些问题，尚未得到解决。

电力设施方面，约有64.10%的受访建档立卡贫困户表示电力设施以前有问题但现在问题得到解决，电力设施现在变好了；还有35.90%的受访建档立卡贫困户表示以前和现在电力设施都没问题；由此可以看出，村庄的电力设施在发展的过程中一直能够满足贫困户的需求。

通信设施方面，有近56.41%的受访建档立卡贫困户表示通信设施以前有问题，现在通信设施变好了，还有30.77%的受访建档立卡贫困户表示通信设施以前和现在都没有问题，表示通信设施以前有问题但问题尚未得到解决的受访建档立卡贫困户占12.82%。

饮水设施方面，认为饮水设施以前有问题，但现在问题得到解决，饮水设施变好了的受访建档立卡贫困户约占69.23%，另有30.77%的受访建档立卡贫困户认为饮水设施以前和现在都没有问题。

文体设施方面，约占64.10%的受访建档立卡贫困户认为以前有问题但现在变好了，还有17.95%的受访建档立卡贫困户表示文体设施以前和现在都没有问题，认为文体设施以前有问题但问题尚未得到有效解决的受访建档立卡贫困户还占17.95%。总体而言，村庄发展基础设施都不同程度地在往前发展，以前存在的问题能够得到有效的解决，见表5-15。

表5-15　　　村庄基础设施变化情况统计结果（N=39）

评价指标	以前有问题，现在变好（%）	以前有问题，尚未解决（%）	以前和现在都没问题（%）	以前没问题，现在有问题（%）
交通条件	71.80	12.82	15.38	0.00
电力设施	64.10	0.00	35.90	0.00
通信设施	56.41	12.82	30.77	0.00
饮水设施	69.23	0.00	30.77	0.00
文体设施	64.10	17.95	17.95	0.00

3. 村庄教育医疗

在村庄儿童上学条件，约为75.68%的受访建档立卡贫困户认为村庄儿童上学条件以前有问题，但现在变好了，但仍有2.70%的村庄儿童上学条件未能得到有效的改善，以前存在的问题尚未得到解决，另有18.92%的受访建档立卡贫困户认为村庄儿童上学条件以前和现在都没有问题，认为出现村庄儿童上学条件以前没有问题但现在出现问题的受访建档立卡贫困户仅占2.70%。总体而言，大多数村庄儿童上学条件得到了改善，但仍有部分村庄儿童的上学条件问题尚未得到解决或者又出现新的问题的情况，见表5-16。

表5-16　　　村庄儿童上学条件变化情况统计结果（N=37）

评价指标	以前有问题，现在变好（%）	以前有问题，尚未解决（%）	以前和现在都没问题（%）	以前没问题，现在有问题（%）
上学条件	75.68	2.70	18.92	2.70

村庄就医看病条件，有近79.48%的受访建档立卡贫困户认为村庄就医看病条件以前有问题但现在变好了，认为村庄就医看病条件以前和现在都没有问题的受访建档立卡贫困户仅占17.95%，

2.57%的受访建档立卡贫困户认为以前没问题,现在有问题。总体而言村庄就医看病条件正逐渐变好,村庄就医看病条件问题能够得到解决,见表5-17。

表5-17　　村庄就医看病条件变化情况统计结果（N=39）

评价指标	以前有问题,现在变好（%）	以前有问题,尚未解决（%）	以前和现在都没问题（%）	以前没问题,现在有问题（%）
就医条件	79.48	0.00	17.95	2.57

4. 村委自治情况

在村两委自治变化情况,几乎所有受访建档立卡贫困户认为村两委做事公道并且村两委在工作作风上有明显改善,村两委做事是否公道,见表5-18。

表5-18　　　　村两委自治变化情况（N=38）

评价指标	是（%）	否（%）
村两委做事是否公道	100.00	0
村两委在工作作风上是否有明显改善	100.00	0

5. 村庄整体评价

通过上述研究显示,整体上村庄的条件发生了很大的变化,以前有的问题,现在基本上解决了,剩余问题相对较少。但是交通条件（12.82%）、通信设施（12.82%）、文体设施（17.95%）等以前存在问题,目前依旧没有解决。为进一步研究村庄整体变化,设置"村庄发展总体变化情况"问题,研究结果显示,约有82.05%的受访建档立卡贫困户表示村庄以前有问题但现在问题得到解决,村庄变好了;还有12.82%的受访建档立卡贫困户表示以前和现在都没有问题;仅有5.13%的受访建档立卡贫困户表示村庄以前有问题,但问题尚未得到解决;没有受访建档立卡贫困户反映村庄以前没问题，现在有问题的情况。由此可以看出，村庄建设已经朝着美丽家园方向发展，但在建设过程中将会伴随发生尚未得到解决一些问题，见表5-19。

表 5-19　　　　　　村庄发展总体变化情况（N=39）

评价指标	以前有问题，现在变好（%）	以前有问题，尚未解决（%）	以前和现在都没问题（%）	以前没问题，现在有问题（%）
村庄整体变化	82.05	5.13	12.82	0.00

（四）研究结论

评价林业生态扶贫脱贫政策执行效果，研究结果显示最基本要求就是"两不愁三保障"问题基本解决：基本不存在吃不饱与穿不暖的情况，住房保障基本通过危房改造与异地搬迁的形式进行解决，教育保障基本在高中及以下实行的义务教育，且学生享受免书本费与营养餐的待遇，医疗保障是在原来90%报销比例的基础上，上浮5%，基本解决了贫苦户的后顾之忧。

怒江傈僳族自治州和阿坝藏族羌族自治州贫困户对林业生态扶贫满意度综合评价：约为43.44%的受访建档立卡贫困户认为怒江傈僳族自治州和阿坝藏族羌族自治州林业生态扶贫是非常令人满意的，"两不愁三保障"等各个方面工作都能相对较好完成任务；还有41.92%的受访建档立卡贫困户也表达了很满意的意见，但是还有14.64%的受访建档立卡贫困户认为林业生态扶贫满意度一般或较差。从调研整体来看，怒江傈僳族自治州和阿坝藏族羌族自治州林业生态扶贫工作已经取得较为良好成效。

林业生态扶贫对村庄发展的作用来看，约有82.05%的受访建档立卡贫困户表示村庄以前有问题但现在问题得到解决，村庄变好了；另有 12.82% 的受访建档立卡贫困户表示以前和现在都没有问题；仅有 5.13% 的受访建档立卡贫困户表示村庄以前有问题，但问题尚未得到解决。从村庄环境条件、村庄基础设施、教育医疗条件、村庄自治情况等林业生态扶贫内容来看，以前有的问题，现在基本上解决了，剩余问题相对较少。但是交通条件、通信设施、文体设施等以前存在问题，分别有 12.82%、12.82% 和 17.95% 的受访建档立卡贫困户认为依旧存在，这也是继续实施林业生态扶贫和今后实施乡村振兴战略需要关注的问题。

六 林业生态扶贫政策评价研究

林业生态扶贫政策的好坏直接关系到扶贫脱贫的效果，本部分在对林业生态扶贫政策的概念与内涵研究的基础上，依据公共政策理论研究框架，从林业生态扶贫政策制定、政策实施、政策保障与政策效果四个维度，对林业生态扶贫政策评价指标体系进行构建。依据层次分析法进行各子评价指标权重的确认，最终构建林业生态扶贫政策评价指数对林业生态扶贫政策进行综合评价。

（一）评价指标选取的原则

科学合理的评价指标体系，一定要以科学的原则为前提，林业生态扶贫政策评价指标体系的构建要以实际出发，进行多角度、全方位的分析，一方面要从林业生态扶贫政策的微观角度考虑；另一方面要从宏观角度来考虑指标体系构架。综合研究，主要遵循以下原则。

1. 相关性原则

林业生态扶贫政策评价指标体系设置应当密切联系林业生态扶贫工作，特别是要关注深度贫困村里的建档立卡贫困户，评价指标要能够恰当反映目标的实现程度，并确定关键性、决定性要素。对于像性别这种与林业生态扶贫政策无关的要素要剔除，确定出能代表林业生态政策的关键要素。

2. 重要性原则

在选择林业生态扶贫政策评价指标时，要能凸显出核心指标，坚持林业生态扶贫政策评价指标应当优先使用最具评价对象代表性、最能反映评价政策的核心指标。指标选取时要能准确反映执行林业生态扶贫政策的相关信息，也就是要具有代表性和典型性。再有评价指标要区分出主次，只有这样才能在搜集资料时不浪费人力、物力和财力。

3. 系统性原则

任何事物不可能是孤立存在的，必须要与外界发生各种各样的联系，因此，在选取指标时，要能够全面地反映林业生态扶贫政策对建档立卡贫困户生产和生活产生影响的不同方面，且指标体系层次分明，逻辑合理，易于解释。只有这样，评价指标才能完整地反映政策执行效果好与坏以及执行效率的高与低。

（二）评价指标标准值的选取

政策指标由于涉及对象与层次的不同，所以，在评价标准值的选择上也有所不同。在评价标准值的选择上，通常要设有一定的判断标准与理想状态作为标准值。

1. 评价指标标准值的基本要求

（1）能反映执行林业生态扶贫政策的效果优劣，特别是能够衡量各类功能的变化；

（2）能反映实施林业生态扶贫政策的受影响范围和程度，并尽可能定量化；

（3）能反映实施林业生态扶贫建设与保护行为方式，具有可操作性。

2. 评价指标标准的来源

（1）国家、行业和地方规定的标准

国家已发布的标准等；行业标准指行业发布的评价规范、规定与设计要求等；地方政府颁布的标准和规划区目标，例如中华人民共和国林业行业标准等。

（2）背景与底值

以研究执行林业生态扶贫政策指标评价的背景值和本底值作为评价标准。

（3）科学研究已判定的标准值

通过当地或相似条件下科学研究已判定的作为评价参考标准。

3. 评价指标值量纲化的步骤

林业生态扶贫政策执行效果评价是一种多指标综合评价，设置指标涵盖范围很广，其不仅包含定量指标，而且还涉及定性指标，所以林业生态扶贫政策执行效果评价指标并没有统一度量标准，很难进行比较。因此，在进行林业生态扶贫政策综合评价前，需要将各指标属性值统一变换到 [0，1] 范围内，即对评价指标属性值进行无量纲化。无量纲化是通过数学变换来消除原始指标量纲影响的方法。

笔者提出的林业生态扶贫政策执行效果评价指标体系趋向性有正向和逆向之分，评价正向性即指标值越大效果越好；相反，评价逆向性则指标值越小效果越好，这是林业生态扶贫政策执行效果评价指标的两种属性。

假设 Xi（$i=1,2,\cdots,n$）为第 i 个指标的实际值，Si（$i=1,2,\cdots,n$）为评价指标的标准值，$P(Xi)$ 为该指标效果不好的指数，$P'(Xi)$ 为该指标效果好的指数，具体确定过程如下。

（1）评价正向性指标（越大效果越好的指标）

如果以"效果好"为标准值：

如 $Xi \geqslant Si$，则 $P(Xi)=0$

如 $Xi < Si$，则 $P(Xi)=1-Xi/Si$；

如果以"效果不好"为标准值：

如 $Xi \leqslant Si$，则 $P(Xi)=1$

如 $Xi > Si$，则 $P(Xi) = Si/Xi$。

（2）评价逆向性指标（越小效果越好的指标）

如果以"效果好"为标准值：

如 $Xi \leq Si$，则 $P(Xi) = 0$

如 $Xi > Si$，则 $P(Xi) = 1 - Si/Xi$；

如果以"效果不好"为标准值：

如 $Xi \geq Si$，则 $P(Xi) = 1$

如 $Xi < Si$，则 $P(Xi) = Xi/Si$

（3）把评价效果不好的指数转换为效果好的指数

$P'(Xi) = 1 - P(Xi)$

（三）林业生态扶贫、脱贫政策综合评价分析

1. 指标体系的构建

研究评价林业生态扶贫、脱贫政策的执行效果必须要定性与定量相结合，并逐步由定性走向定量，因此本文试图建立一套完整的林业生态扶贫、脱贫政策执行效果评价指标体系。根据搜集和查阅到的资料和实地调查到的数据，用专家咨询法经过层层筛选，构建了多目标、多层次结构的林业生态扶贫、脱贫政策执行效果评价指标体系。具体过程是通过文献检索确定一级评价指标，然后结合赴怒江傈僳族自治州和阿坝藏族羌族自治州的调研情况，进行了指标初选，构建了林业生态扶贫脱贫政策执行效果的二级评价指标体系。并采用重要性咨询法筛选出最终评价指标，形成三级评价指标体系，最终形成一套完整的林业生态扶贫、脱贫政策执行效果评价指标体系。

2. 指标值的量纲化

本文在查阅相关资料的基础上，根据建立林业生态扶贫脱贫政策执行效果评价的特点，结合怒江傈僳族自治州和阿坝藏族羌族自治州的实地调查数据，确定 2018 年的林业生态扶贫政策执行效果评价的

各项指标值，并依据国家及地方相关规划、标准、平均值等确定各项指标的标准值和指标趋向性。按照指标纲量化的研究方法，计算出要素层 79 个指标的政策指数，如表 6-1 所示。

表 6-1　　　林业生态扶贫脱贫政策指标纲量化结果

指标名称	指标值	指标阈值	指标阈值来源	政策指数
C1 增加林区林农收入水平	1	1	作者自定	1.0000
C2 改善林农生产生活条件	1	2	作者自定	1.0000
C3 改善贫困地区生态环境	60	55	生态环境质量指数（EQI），EQI = 55（中国环境监测总站生态检测技术室提供）	1.0000
C4 完善林业发展管理机制	3	2	实地调查	1.0000
C5 提升贫困地区社会稳定	1	2	实地调查	0.5000
C6 政策制定导向性	3	2	作者自定、实地调查	1.0000
C7 政策制定适应性	3	2	作者自定、实地调查	1.0000
C8 政策制定创新性	2	2	作者自定、实地调查	1.0000
C9 政策制定灵活性	2	2	作者自定、实地调查	1.0000
C10 农林产业扶贫合理性	3	2	作者自定	1.0000
C11 生态转移扶贫合理性	3	2	作者自定	1.0000
C12 林业职业培训合理性	12	15	作者自定	1.0000
C13 生态补偿脱贫合理性	10	10	《云南省森林生态效益补偿资金管理办法》，国有公益林，补偿金每年每亩 5 元；集体和个人的公益林，补偿金每年每亩 15 元	1.0000
C14 社会扶贫合理性	3	2	作者自定	1.0000
C15 林业金融扶贫合理性	4	2	实地调查	1.0000
C16 林业异地搬迁合理性	3	2	作者自定	1.0000
C17 政策决策公众认知度	3	2	作者自定	1.0000

续表

指标名称	指标值	指标阈值	指标阈值来源	政策指数
C18 政策决策公众参与度	1	2	作者自定、实地调查	0.5000
C19 政策决策方法科学	2	2	作者自定、实地调查	1.0000
C20 政策决策法定程序	3	2	作者自定、实地调查	1.0000
C21 政策决策公开透明度	3	2	作者自定、实地调查	1.0000
C22 贫困人口识别制度建设	3	2	作者自定、实地调查	1.0000
C23 贫困人口识别信息建设	4	2	作者自定、实地调查	1.0000
C24 贫困人口识别台账完备	3	2	作者自定、实地调查	1.0000
C25 贫困人口漏报比例	0.37	2	<2%，专项评估检查标准	0.1850
C26 贫困人口错报比例	0.21	2	<2%，专项评估检查	0.1050
C27 项目扶贫方案合理	1	2	作者自定	0.5000
C28 扶贫措施因户施策	1	2	实地调查	0.5000
C29 扶贫措施与介入手段	3	2	实地调查	1.0000
C30 致贫原因分析到位	2	2	实地调查	1.0000
C31 改善扶贫措施	4	2	作者自定	1.0000
C32 家庭访视记录表	1	2	作者自定	0.5000
C33 扶贫认知水平	2	2	作者自定	1.0000
C34 扶贫意愿及态度	3	2	作者自定、实地调查	1.0000
C35 生产技术水平	2	2	作者自定、实地调查	1.0000
C36 产品营销技能	1	2	作者自定、实地调查	0.5000
C37 交际能力及水平	1	2	作者自定、实地调查	0.5000
C38 林权纠纷调处能力	2	2	实地调查	1.0000
C39 工作人员数量	20	30	实地调查	0.6667
C40 政策完备性	3	2	实地调查	1.0000
C41 政策可行性	2	2	实地调查	1.0000
C42 人员管理制度	1	2	实地调查	0.5000
C43 主体责任落实	2	2	作者自定	1.0000
C44 五级工作机制	1	2	作者自定	0.5000

续表

指标名称	指标值	指标阈值	指标阈值来源	政策指数
C45 组织建设情况	1	2	作者自定	0.5000
C46 服务考评情况	3	2	作者自定	1.0000
C47 派员驻点情况	1	1	作者自定	1.0000
C48 扶贫对接情况	1	1	作者自定、实地调查	1.0000
C49 资金投入总量	1	1	作者自定、实地调查	1.0000
C50 资金来源多样性	1	2	实地调查	0.5000
C51 林业收入水平提高	1	1	实地调查	1.0000
C52 农村林业产业升级	1	2	作者自定、实地调查	0.5000
C53 农村基础设施改善	1	2	作者自定、实地调查	0.5000
C54 家庭收入水平增长	3000	2300	大于国家标准2300，扶贫部门、统计部门	1.0000
C55 家庭财富存量增长	4000	3000	作者自定、实地调查	1.0000
C56 农民居住条件改善	3	2	作者自定、实地调查	1.0000
C57 农民饮水条件改善	4	2	作者自定、实地调查	1.0000
C58 建档立卡人数减少率	2	2	作者自定、实地调查	1.0000
C59 贫困镇的退出率	1.1	3	《云南省贫困退出机制实施方案》	0.3667
C60 贫困村的退出率	2	3	《云南省贫困退出机制实施方案》	0.6667
C61 贫困人口退出率	1.2	2	《云南省贫困退出机制实施方案》	0.6000
C62 农村养老保险覆盖率	55	65	国家标准	0.8461
C63 农村合作医疗覆盖率	97.7	95	国家标准	1.0000
C64 农村义务教育覆盖率	100	100	国家标准	1.0000
C65 林区社会稳定性	2	2	国家标准	1.0000
C66 生态意识提升	2	2	作者自定	1.0000
C67 森林覆盖率	30	25	作者自定	1.0000
C68 村屯绿化覆盖率	30	45	山区≥75%；丘陵区≥45%；平原地区≥18%；高寒区或草原区林草覆盖率≥90%（环保部生态县）	0.6667

续表

指标名称	指标值	指标阈值	指标阈值来源	政策指数
C69 林种结构改善情况	33	25	≥25%（国家农业部）	1.0000
C70 低效林改造情况	25	25	国家标准	1.0000
C71 森林病虫害防治情况	70	100	国家标准	0.7000
C72 林地面积增长率	30	100	国家标准	0.3000
C73 粪便无害化处理率	50	100	国家标准	0.5000
C74 污水有效处理率	100	100	国家标准	1.0000
C75 垃圾有效处理率	60	100	国家标准	0.6000
C76 政策制定满意度	3	2	作者自定、实地调查	1.0000
C77 政策实施满意度	1	2	作者自定、实地调查	0.5000
C78 政策保障满意度	4	2	作者自定、实地调查	1.0000
C79 政策效果满意度	4	2	作者自定、实地调查	1.0000

3. 指标权重的确定

本文根据怒江傈僳族自治州和阿坝藏族羌族自治州林业生态扶贫脱贫政策执行特点和实地调研数据情况，采取主观赋权评估法中的层次分析法拟定各项指标的权重。首先将所要进行的决策问题置于一个存在互相影响的多种因素的大系统中，然后将这些问题层次化，最终形成了一个多层的分析结构模型。之后运用数学方法与定性分析相结合，通过层层排序，最终根据各方案计算出的所占的权重，来辅助决策。计算步骤主要有如下几步：首先是构造相关判断矩阵，邀请权威专家填写判断矩阵，专家按照各项具体指标在各自的功能领域所代表的重要性进行比较后，来填写判断矩阵；其次要计算重要性排序，根据判断矩阵，求出其最大特征根所对应的特征向量；最后再进行一致性检验。检验通过，则数据有效；否则，数据无效。

笔者吸收前人已有的有关管理有效性方面量化的研究成果，建立了有效管理调查问卷的方法，并对各层指标进行重要性排序。现将各层次判断矩阵列举见表6-2至表6-18,可以看到各个矩阵的一致性均达到了满意的结果,可作为决策使用。

表6-2 判断矩阵 O-A

O	A1	A2	A3	A4	Wi
A1	1	0.99	0.9936	1.0028	0.2491
A2	1.0101	1	0.9915	1.0080	0.2506
A3	1.0065	1.0086	1	0.9947	0.2506
A4	0.9972	0.992	1.0054	1	0.2497

注:$\lambda_{max}=4.0001$;CI=0;CR=0。

表6-3 判断矩阵 A1-B

A1	B1	B2	B3	B4	Wi
B1	1	0.99	0.9936	1.0028	0.2491
B2	1.0101	1	0.9915	1.008	0.2506
B3	1.0065	1.0086	1	0.9947	0.2506
B4	0.9972	0.992	1.0054	1	0.2497

注:$\lambda_{max}=4.0001$;CR=0;CI=0。

表6-4 判断矩阵 B1-C

B1	C1	C2	C3	C4	C5	Wi
C1	1	0.99	0.9936	1.0028	0.9915	0.1991
C2	1.0101	1	1.008	0.9947	1.0035	0.2006
C3	1.0065	0.992	1	0.9986	1.0002	0.1999
C4	0.9972	1.0054	1.0014	1	1.0025	0.2003
C5	1.0086	0.9965	0.9998	0.9975	1	0.2001

注:$\lambda_{max}=5$;CR=0;CI=0。

表 6-5　　　　　　　　　判断矩阵 B2-C

B2	C6	C7	C8	C9	Wi
C6	1	0.99	0.9936	1.0028	0.2491
C7	1.0101	1	0.9915	1.008	0.2506
C8	1.0065	1.0086	1	0.9947	0.2506
C9	0.9972	0.992	1.0054	1	0.2497

注：$\lambda_{max}=4.0001$；CR=0；CI=0。

表 6-6　　　　　　　　　判断矩阵 B3-C

B3	C10	C11	C12	C13	C14	C15	C16	Wi
C10	1	0.99	0.9936	1.0028	0.9915	1.008	0.9947	0.1425
C11	1.0101	1	1.0035	0.9986	1.0002	1.0025	1.0048	0.1433
C12	1.0065	0.9965	1	0.9942	1.0007	0.9971	0.9984	0.1427
C13	0.9972	1.0014	1.0059	1	0.9966	0.9952	1.0085	0.143
C14	1.0086	0.9998	0.9993	1.0035	1	0.9954	1.0084	0.1432
C15	0.992	0.9975	1.0029	1.0048	1.0046	1	0.9916	0.1427
C16	1.0054	0.9953	1.0016	0.9916	0.9916	1.0085	1	0.1427

注：$\lambda_{max}=7.0001$；CR=0；CI=0。

表 6-7　　　　　　　　　判断矩阵 B4-C

B4	C17	C18	C19	C20	C21	Wi
C17	1	0.99	0.9936	1.0028	0.9915	0.1991
C18	1.0101	1	1.008	0.9947	1.0035	0.2006
C19	1.0065	0.992	1	0.9986	1.0002	0.1999
C20	0.9972	1.0054	1.0014	1	1.0025	0.2003
C21	1.0086	0.9965	0.9998	0.9975	1	0.2001

注：$\lambda_{max}=5$；CR=0；CI=0。

表 6-8　　　　　　　　　判断矩阵 B5-C

B5	C22	C23	C24	C25	C26	Wi
C22	1	0.99	0.9936	1.0028	0.9915	0.1991
C23	1.0101	1	1.008	0.9947	1.0035	0.2006
C24	1.0065	0.992	1	0.9986	1.0002	0.1999
C25	0.9972	1.0054	1.0014	1	1.0025	0.2003
C26	1.0086	0.9965	0.9998	0.9975	1	0.2001

注：$\lambda_{max}=5$；CR=0；CI=0。

表 6-9　　　　　　　　　判断矩阵 B6-C

B6	C27	C28	C29	C30	C31	C32	Wi
C27	1	0.99	0.9936	1.0028	0.9915	1.008	0.1663
C28	1.0101	1	0.9947	1.0035	0.9986	1.0002	0.1669
C29	1.0065	1.0054	1	1.0025	1.0048	0.9942	0.167
C30	0.9972	0.9965	0.9975	1	1.0007	0.9971	0.1664
C31	1.0086	1.0014	0.9953	0.9993	1	0.9984	0.1667
C32	0.992	0.9998	1.0059	1.0029	1.0016	1	0.1667

注：$\lambda_{max}=6.0001$；CR=0；CI=0。

表 6-10　　　　　　　　　判断矩阵 B7-C

B7	C33	C34	C35	C36	C37	C38	C39	Wi
C33	1	0.99	0.9936	1.0028	0.9915	1.008	0.9947	0.1425
C34	1.0101	1	1.0035	0.9986	1.0002	1.0025	1.0048	0.1433
C35	1.0065	0.9965	1	0.9942	1.0007	0.9971	0.9984	0.1427
C36	0.9972	1.0014	1.0059	1	0.9966	0.9952	1.0085	0.143
C37	1.0086	0.9998	0.9993	1.0035	1	0.9954	1.0084	0.1432
C38	0.992	0.9975	1.0029	1.0048	1.0046	1	0.9916	0.1427
C39	1.0054	0.9953	1.0016	0.9916	0.9916	1.0085	1	0.1427

注：$\lambda_{max}=7.0001$；CR=0；CI=0。

表 6-11　　　　　　　　判断矩阵 B8-C

B8	C40	C41	Wi
C40	1	0.99	0.4975
C41	1.0101	1	0.5025

注：$\lambda_{max}=2$；CR=0；CI=0。

表 6-12　　　　　　　　判断矩阵 B9-C

B9	C42	C43	C44	C45	C46	C47	C48	Wi
C42	1	0.99	0.9936	1.0028	0.9915	1.008	0.9947	0.1425
C43	1.0101	1	1.0035	0.9986	1.0002	1.0025	1.0048	0.1433
C44	1.0065	0.9965	1	0.9942	1.0007	0.9971	0.9984	0.1427
C45	0.9972	1.0014	1.0059	1	0.9966	0.9952	1.0085	0.143
C46	1.0086	0.9998	0.9993	1.0035	1	0.9954	1.0084	0.1432
C47	0.992	0.9975	1.0029	1.0048	1.0046	1	0.9916	0.1427
C48	1.0054	0.9953	1.0016	0.9916	0.9916	1.0085	1	0.1427

注：$\lambda_{max}=7.0001$；CR=0；CI=0。

表 6-13　　　　　　　　判断矩阵 B10-C

B10	C49	C50	Wi
C49	1	0.99	0.4975
C50	1.0101	1	0.5025

注：$\lambda_{max}=2$；CR=0；CI=0。

表 6-14　　　　　　　　判断矩阵 B11-C

B11	C51	C52	C53	C54	Wi
C51	1	0.99	0.9936	1.0028	0.2491
C52	1.0101	1	0.9915	1.008	0.2506
C53	1.0065	1.0086	1	0.9947	0.2506
C54	0.9972	0.992	1.0054	1	0.2497

注：$\lambda_{max}=4.0001$；CR=0；CI=0。

表 6-15　　　　　　　　判断矩阵 B12-C

B12	C58	C59	C60	C61	C62	C63	C64	C65	C66	Wi
C58	1	0.99	0.9936	1.0028	0.9915	1.008	0.9947	1.0035	0.9986	0.1109
C59	1.0101	1	1.0002	1.0025	1.0048	0.9942	1.0007	0.9971	0.9984	0.1112
C60	1.0065	0.9998	1	0.9966	0.9952	1.0085	0.9954	1.0084	0.9916	0.1111
C61	0.9972	0.9975	1.0035	1	1.0055	0.9974	0.9967	0.9928	1.0076	0.1111
C62	1.0086	0.9953	1.0048	0.9945	1	0.9916	0.9952	0.9931	0.9981	0.1109
C63	0.992	1.0059	0.9916	1.0026	1.0085	1	1.0074	1.0097	0.9959	0.1113
C64	1.0054	0.9993	1.0046	1.0033	1.0048	0.9926	1	1.0007	0.9962	0.1112
C65	0.9965	1.0029	0.9916	1.0072	1.0069	0.9904	0.9993	1	1.0055	0.1111
C66	1.0014	1.0016	1.0085	0.9924	1.0019	1.0042	1.0038	0.9946	1	0.1112

注：$\lambda_{max} = 9.0001$；CR = 0；CI = 0。

表 6-16　　　　　　　　判断矩阵 B13-C

B13	C67	C68	C69	C70	C71	C72	C73	C74	C75	Wi
C67	1	0.99	0.9936	1.0028	0.9915	1.008	0.9947	1.0035	0.9986	0.1109
C68	1.0101	1	1.0002	1.0025	1.0048	0.9942	1.0007	0.9971	0.9984	0.1112
C69	1.0065	0.9998	1	0.9966	0.9952	1.0085	0.9954	1.0084	0.9916	0.1111
C70	0.9972	0.9975	1.0035	1	1.0055	0.9974	0.9967	0.9928	1.0076	0.1111
C71	1.0086	0.9953	1.0048	0.9945	1	0.9916	0.9952	0.9931	0.9981	0.1109
C72	0.992	1.0059	0.9916	1.0026	1.0085	1	1.0074	1.0097	0.9959	0.1113
C73	1.0054	0.9993	1.0046	1.0033	1.0048	0.9926	1	1.0007	0.9962	0.1112
C74	0.9965	1.0029	0.9916	1.0072	1.0069	0.9904	0.9993	1	1.0055	0.1111
C75	1.0014	1.0016	1.0085	0.9924	1.0019	1.0042	1.0038	0.9946	1	0.1112

注：$\lambda_{max} = 9.0001$；CR = 0；CI = 0。

表 6 – 17　　　　　　　　判断矩阵 B14 – C

B14	C76	C77	C78	C79	Wi
C76	1	0.99	0.9936	1.0028	0.2491
C77	1.0101	1	0.9915	1.008	0.2506
C78	1.0065	1.0086	1	0.9947	0.2506
C79	0.9972	0.992	1.0054	1	0.2497

注：$\lambda_{max} = 4.0001$；$CR = 0$；$CI = 0$。

最终层次总排序如表 6 – 18 所示：

表 6 – 18　林业生态扶贫脱贫政策评价体系总排序计算结果

指标	权重	指标	权重	指标	权重	指标	权重
C1	0.1991	C21	0.2001	C41	0.5025	C61	0.1111
C2	0.2006	C22	0.1991	C42	0.1425	C62	0.1109
C3	0.1999	C23	0.2006	C43	0.1433	C63	0.1113
C4	0.2003	C24	0.1999	C44	0.1427	C64	0.1112
C5	0.2001	C25	0.2003	C45	0.1430	C65	0.1111
C6	0.2491	C26	0.2001	C46	0.1432	C66	0.1112
C7	0.2506	C27	0.1663	C47	0.1427	C67	0.1109
C8	0.2506	C28	0.1669	C48	0.1427	C68	0.1112
C9	0.2497	C29	0.167	C49	0.4975	C69	0.1111
C10	0.1425	C30	0.1664	C50	0.5025	C70	0.1111
C11	0.1433	C31	0.1667	C51	0.1425	C71	0.1109
C12	0.1427	C32	0.1667	C52	0.1433	C72	0.1113
C13	0.1430	C33	0.1425	C53	0.1427	C73	0.1112
C14	0.1432	C34	0.1433	C54	0.1430	C74	0.1111
C15	0.1427	C35	0.1427	C55	0.1432	C75	0.1112
C16	0.1427	C36	0.143	C56	0.1427	C76	0.2491
C17	0.1991	C37	0.1432	C57	0.1427	C77	0.2506
C18	0.2006	C38	0.1427	C58	0.1109	C78	0.2506
C19	0.1999	C39	0.1427	C59	0.1112	C79	0.2497
C20	0.2003	C40	0.4975	C60	0.1111		

计算出林业生态扶贫脱贫政策执行效果评价的层次总排序后，然后再进行组合一致性检验，用以确定层次排序总结果是否可以作为最终决策依据。计算结果见表6-19。

表6-19　　　　　　　合成矩阵O-A

	政策制定	政策实施	政策保障	政策效果	权重（wi）
政策制定	1	2.8883	1.7168	2.2563	0.424
政策实施	0.3462	1	1.0131	1.6097	0.1998
政策保障	0.5825	0.9871	1	1.9542	0.235
政策效果	0.4432	0.6212	0.5117	1	0.1411

注：$\lambda_{max} = 4.0634$；$CR = 0.0238$；$CI = 0.0211$。

一致性比率结果为0.0238<0.1，表明计算得到的层次总排序满足要求，可作为最终决策使用。

4. 综合评价与等级确认

在进行文献研究与专家咨询的基础上，把怒江傈僳族自治州和阿坝藏族羌族自治州林业生态扶贫脱贫政策执行效果评价分为优、良、中、差四个等级。$0.9 < P'(o) \leq 1$评估等级为"优"，$0.8 < P'(o) \leq 0.9$评估等级为"良"，$0.6 < P'(o) \leq 0.8$评估等级为"中"，$0 < P'(o) \leq 0.6$评估等级为"差"。

通过上述步骤，对各指标进行权重确定及标准化处理后，运用综合指数法得到林业生态扶贫脱贫政策执行效果的指标综合评价指数如下：

$$P'(o) = \sum_{i=1}^{79} W_{Ci} \times P'(Ci) = 0.8657 \qquad (6-1)$$

通过对怒江傈僳族自治州和阿坝藏族羌族自治州林业生态扶贫脱贫政策执行效果综合评价，结合林业生态扶贫脱贫政策等级，可以发现：2018年怒江傈僳族自治州和阿坝藏族羌族自治州林业生态扶贫脱贫政策执行效果评价指数为 0.8657，处于良好的区间，说明林业生态扶贫、脱贫政策执行效果显著。虽然总体处于良好状态，但是政策执行效果离理想状态还有一定距离，因此要对评价结果进行进一步分析。怒江傈僳族自治州和阿坝藏族羌族自治州林业生态扶贫脱贫政策执行效果评价体系是由政策制定、政策实施、政策保障、政策效果这 4 个一级指标构成，因此有必要对这 4 个一级指标分别作进一步的结果分析。具体计算结果见表 6-20。

表 6-20　　　　　　　　子系统指标评价结果

A 级指数	B 级指数	C 级指数	A 级指数	B 级指数	C 级指数
0.9251	0.9000	0.1991	0.8448	1.0000	0.4975
		0.2006			0.5025
		0.1999		0.7860	0.0713
		0.2003			0.1433
		0.1001			0.0714
	1.0000	0.2491			0.0715
		0.2506			0.1432
		0.2506			0.1427
		0.2497			0.1427
	0.9900	0.1425		0.7488	0.4975
		0.1433			0.2513
		0.1427	0.8287	0.8571	0.1425
		0.1430			0.0717
		0.1432			0.0714
		0.1427			0.1430
		0.1427			0.1432
	0.8997	0.1991			0.1427
		0.1003			0.1427
		0.1999		0.8310	0.1109
		0.2003			0.0408
		0.2001			0.0741

续表

A级指数	B级指数	C级指数	A级指数	B级指数	C级指数
0.7394	0.6577	0.1991	0.8287	0.8310	0.0667
		0.2006			0.0938
		0.1999			0.1113
		0.0371			0.1112
		0.0210			0.1111
	0.7501	0.0832			0.1112
		0.0835		0.7517	0.1109
		0.1670			0.0741
		0.1664			0.1111
		0.1667			0.1111
		0.0834			0.0776
	0.8094	0.1425			0.0334
		0.1433			0.0556
		0.1427			0.1111
		0.0715			0.0667
		0.0716		0.8747	0.2491
		0.1427			0.1253
		0.0951			0.2506
					0.2497

（四）林业生态扶贫政策子系统评价分析

1. 政策制定

林业生态扶贫、脱贫政策制定指数为0.9251，处于优秀区间，说明怒江傈僳族自治州和阿坝藏族羌族自治州受访建档立卡贫困户对于林业生态扶贫政策的制定很满意，政策制定目标很合理、明确，政策方案切实可行，执行手段合理，政策过程、政策内容完整。政策目标指数为 0.9000，处于优秀区间，说明林业生态扶贫目标明确，在增加林农收入水平、改善林农生产生活条件、改善贫困地区生态环境、完善林业发展管理机制等方面都能起到很好的作用。政策方案科学指数为 1.0000，说明政策制定方案切实可行，能够符合怒江傈僳族自治州和阿坝藏族羌族自治州受访建档立卡贫困户需求，在政策导向性、适应性、灵活性的各方面都切合实际。政策手段合理指数为 0.9000，位于优秀区间，说明为政策落实所实施的手段合理。决策过程完整指数为 0.9000，位于良好区间，说明决策过程有些瑕疵。政策过程完整下的政策决策公众参与度指数为 0.5000，说明在决策过程中，怒江傈僳族自治州和阿坝藏族羌族自治州受访建档立卡贫困户的参与热情度不高，缺乏良好的鼓励和带动机制，见表 6 – 21。

表 6 – 21　　　　林业生态扶贫脱贫政策制定指数

A 层	B 层指标	B 层政策指数	B 层指标权重	C 层指标	C 层政策指数	C 层指标权重
政策制定	政策目标明确	0.9000	0.2491	增加林区林农收入水平	1.0000	0.1991
				改善林农生产生活条件	1.0000	0.2006
				改善贫困地区生态环境	1.0000	0.1999
				完善林业发展管理机制	1.0000	0.2003
				提升贫困地区社会稳定	0.5000	0.2001
	政策方案科学	1.0000	0.2506	政策制定导向性	1.0000	0.2491
				政策制定适应性	1.0000	0.2506
				政策制定创新性	1.0000	0.2506
				政策制定灵活性	1.0000	0.2497
	政策手段合理	0.9000	0.2506	农林产业扶贫合理性	1.0000	0.1425
				生态转移扶贫合理性	1.0000	0.1433
				林业职业培训合理性	1.0000	0.1427
				生态补偿脱贫合理性	1.0000	0.1430
				社会扶贫合理性	1.0000	0.1432

续表

A层	B层指标	B层政策指数	B层指标权重	C层指标	C层政策指数	C层指标权重
政策制定	政策手段合理	0.9000	0.2506	林业金融扶贫合理性	1.0000	0.1427
				林业异地搬迁合理性	1.0000	0.1427
	决策过程完整	0.9000	0.2497	政策决策公众认知度	1.0000	0.1991
				政策决策公众参与度	0.5000	0.2006
				政策决策方法科学	1.0000	0.1999
				政策决策法定程序	1.0000	0.2003
				政策决策公开透明度	1.0000	0.2001

2. 政策实施

运用层次分析法测算表明，怒江傈僳族自治州和阿坝藏族羌族自治州林业生态扶贫脱贫政策执行指数为0.7394，处于中等区间，说明怒江傈僳族自治州和阿坝藏族羌族自治州建档立卡贫困户对林业生态扶贫脱贫政策实施过程不太满意，或者说政策落实过程进展中存在障碍。其中，精准识别指标指数为0.6577，扶贫实施指标指数为0.7501，驻村人员指标指数为0.8094，精准识别处于中等区间，说明怒江傈僳族自治州和阿坝藏族羌族自治州精准识别落实不到位；贫困人口识别漏报比例指数和错报比例指数分别为0.1850和0.1050 制度建设指标指数仅为0.1991，说明怒江傈僳族自治州和阿坝藏族羌族自治州贫困人口精准识别制度体系建设方面不完善，没有能够准确识别贫困户。像一些残疾户、特困户没有准确识别出来；一些脱贫的贫困户因为数据更新不及时而未退出；贫困户双重身份，在当地一个贫困户的身份，在外地一个高收入的身份，像这样的双重身份的现象有很多；还有数据信息更新可能不及时，动态调整可能不到位等像这些情况应该及时发现并解决，见表6-22。

表 6-22　　　　林业生态扶贫脱贫政策实施指数

A 层	B 层指标	B 层政策指数	B 层指标权重	C 层指标	C 层政策指数	C 层指标权重
政策实施	精准识别	0.6577	0.3315	贫困人口识别制度建设	1.0000	0.1991
				贫困人口识别信息化建设	1.0000	0.2006
				贫困人口识别台账完备	1.0000	0.1999
				贫困人口漏报比例	0.1850	0.2003
				贫困人口错报比例	0.1050	0.2001
	扶贫实施	0.7501	0.3348	项目扶贫方案合理	0.5000	0.1663
				扶贫措施因户施策	0.5000	0.1669
				扶贫措施与介入手段	1.0000	0.1670
				致贫原因分析到位	1.0000	0.1664
				改善扶贫措施	1.0000	0.1667
				家庭访视记录表	0.5000	0.1667
	驻村人员	0.8094	0.3337	扶贫认知水平	1.0000	0.1425
				扶贫意愿及态度	1.0000	0.1433
				生产技术水平	1.0000	0.1427
				产品营销技能	0.5000	0.1430
				交际能力及水平	0.5000	0.1432
				林权纠纷调处能力	1.0000	0.1427
				工作人员数量	0.6667	0.1427

3. 政策保障

运用层次分析法测算表明,林业生态扶贫政策保障的指数为 0.8448,处于良好区间,说明怒江傈僳族自治州和阿坝藏族羌族自治州林业扶贫政策保障总体较好。政策设定指数为 1.0000,说明政策很完备、政策可行。人力保障指数为 0.7860,处于中等区间,说明人力保障政策落实不好,人员管理制度和组织建设情况都存在一定问题,人员管理体系不完整,懒散、拖延情况未能得到有效治理,还有一些责任分工不明确、任务推诿等严重现象。资金保障指数为 0.7488,处于中等区间,说明在林业生态扶贫过程中,资金投入不足，资金来源单一，见表6-23。

表6-23 　　　　　林业生态扶贫脱贫政策保障指数

A层	B层指标	B层政策指数	B层指标权重	C层指标	C层政策指数	C层指标权重
政策保障	政策设定	1.0000	0.3315	政策完备性	1.0000	0.4975
				政策可行性	1.0000	0.5025
	人力保障	0.7860	0.3348	人员管理制度	0.5000	0.1425
				主体责任落实	1.0000	0.1433
				五级工作机制	0.5000	0.1427
				组织建设情况	0.5000	0.1430
				服务考评情况	1.0000	0.1432
				派员驻点情况	1.0000	0.1427
				扶贫对接情况	1.0000	0.1427
	资金保障	0.7488	0.3337	资金投入总量	1.0000	0.4975
				资金来源多样性	0.5000	0.5025

4. 政策效果

运用层次分析法测算表明，林业生态扶贫政策效果的指数为0.8287，处于良好区间，说明林业扶贫政策效果总体较好。其中，经济绩效指数为0.8571，社会绩效指数为0.8310，生态绩效指数为0.7517，主观满意度指数为0.8747。在这四种二级指标中，生态绩效指标指数最低，说明在林业生态扶贫政策执行过程中，森林覆盖、村屯绿化、森林病虫害防治情况、林地面积等工作并没有达到国家标准水平，在推进扶贫脱贫攻坚工作中林业生态建设存在一定问题。经济绩效、社会绩效、主观满意度处于良好区间，说明这几个方面工作在林业生态扶贫政策执行过程中表现较好，在推动提高农民收入、帮助贫困村、贫困镇退出等方面工作取得了良好的成效，见表6-24。

表6-24　　　　林业生态扶贫脱贫政策保障指数

A层	B层指标	B层政策指数	B层指标权重	C层指标	C层政策指数	C层指标权重
政策效果	经济绩效	0.8571	0.2491	林业收入水平提高	1.0000	0.1425
				农村林业产业升级	0.5000	0.1433
				农村基础设施改善	0.5000	0.1427
				家庭收入水平增长	1.0000	0.1430
				家庭财富存量增长	1.0000	0.1432
				农民居住条件改善	1.0000	0.1427
				农民饮水条件改善	1.0000	0.1427
	社会绩效	0.8310	0.2506	建档立卡人数减少率	1.0000	0.1109
				贫困镇的退出率	0.3667	0.1112
				贫困村的退出率	0.6667	0.1111
				贫困人口退出率	0.6000	0.1111
				农村养老保险覆盖率	0.8461	0.1109
				农村合作医疗/大病医疗覆盖率	1.0000	0.1113
				农村义务教育覆盖率	1.0000	0.1112
				林区社会稳定性	1.0000	0.1111
				生态意识提升	1.0000	0.1112
	生态绩效	0.7517	0.2506	森林覆盖率	1.0000	0.1109
				村屯绿化覆盖率	0.6667	0.1112
				林种结构改善情况	1.0000	0.1111
				低效林改造情况	1.0000	0.1111
				森林病虫害防治情况	0.7000	0.1109
				林地面积增长率	0.3000	0.1113
				粪便无害化处理率	0.5000	0.1112
				污水有效处理率	1.0000	0.1111
				垃圾有效处理率	0.6000	0.1112
	主观满意度	0.8747	0.2497	政策制定满意度	1.0000	0.2491
				政策实施满意度	0.5000	0.2506
				政策保障满意度	1.0000	0.2506
				政策效果满意度	1.0000	0.2497

（五）研究结论

笔者首次对怒江傈僳族自治州和阿坝藏族羌族自治州林业生态扶贫政策执行效果进行评价研究，在前人研究及相关资料的基础上，构建拥有 79 个评价指标的林业生态扶贫政策执行效果评价指标体系。然后，利用层次分析法和综合指数法，对怒江傈僳族自治州和阿坝藏族羌族自治州林业生态扶贫政策执行效果进行评价得出：2018 年度的怒江傈僳族自治州和阿坝藏族羌族自治州林业生态扶贫政策指数为 0.8657，依据评判标准，属于良好区间，说明林业生态扶贫政策实施效果总体上良好。但是从政策制定、政策实施、政策保障、政策效果等四级林业生态扶贫政策评价指标对比发现：每一级指标中都存在指数相对低的二级指标，政策制定中可以发现贫困户政策参与度不高；精准识别制度不完善；政策实施中资金投入不足，资金来源单一；生态绩效实施效果并不好。

七 构建林业生态扶贫、脱贫长效机制的政策建议

综上所述，致贫的原因是千差万别的，不同的贫困户对扶持项目和扶持方式的需求大不相同，研究结果显示，四种扶贫方式（产业、就业、小额信贷、驻村帮扶）取得的效果较好，明显促进了建档立卡贫困户的家庭增收；并且"两不愁三保障"的问题基本解决，基本不存在吃不饱与穿不暖的情况，住房保障基本通过危房改造与异地搬迁的形式进行解决，教育保障基本在高中及以下实行的义务教育，且学生享受免书本费与营养餐的情况，医疗保障是在原来90%报销比例的基础上，上浮5%，基本解决了贫困户的后顾之忧；利用层次分析法和综合指数法，对怒江州林业生态扶贫政策进行评价可以得出2018年度的怒江傈僳族自治州和阿坝藏族羌族自治州林业生态扶贫政策指数为0.8657，依据评判标准，属于良好区间，说明林业生态扶贫政策实施效果总体上良好。但是仍然存在一定的问题，诸如怒江傈僳族自治州和阿坝藏族羌族自治州产业结构单一，贫困户就业和自主创业意愿低，对于扶贫政策了解程度不够，因此要构建林业生态扶贫长效机制，应根据贫困户实际情况因户因人制宜地精准制定林业生态扶贫脱贫方案和措施，保证精准扶贫有效性和可持续性。

（一）主攻深贫地区和特困群体

习近平总书记指出："要解决好'扶持谁'的问题，确保把真正的贫困人口弄清楚。"扶贫脱贫工作的"最后一公里"就是"三区三州"深度贫困地区和特困群体，要进行精准扶贫，首先必须以合理有效的方式准确地找到贫困家庭和人口。所以要瞄准制约深度贫困地区精准脱贫的重点难点问题，在总指标控制下，由基层通过民主评议来识别贫困人口。既考虑贫困户的收入水平，也考虑"两不愁三保障"的情况，同时也会受人际关系的影响。列出清单，逐项明确责任，对账销号。把老人、病人、残疾人等特定贫困群众作为深度贫困人群，给予重点帮扶。重大工程建设项目继续向深度贫困地区布局，特色产业（如发展特色种植业与养殖业等）扶贫、易地扶贫搬迁、金融扶贫、生态扶贫、社会帮扶、干部人才等政策措施向深度贫困地区倾斜。各级财政优先支持贫困人口多、贫困发生率高、脱贫难度大的深度贫困地区，确保每一个贫困群众同全国人民一道进入全面小康社会。改善特困群体居住环境。以"三区三州"农村低保户、五保户、贫困残疾人为重点，按照先急后缓的原则，改善居住环境和生活条件，开展人居环境整治工作，着重推进脏乱差治理、人畜分离、垃圾污水处理等环境问题，形成干净整洁、山清水秀的人居环境。

（二）深化基本公共服务减贫功能

2019年中央一号文件将"聚力精准施策，决战决胜脱贫攻坚列为坚持农业农村优先发展方针的任务之首，其中对巩固和扩大脱贫攻坚成果提出明确要求，不仅要减少和防止贫困人口返贫，也要研究解决收入水平略高于建档立卡贫困户的群众缺乏政策支持等新问题"。对比调研结果分析表明,深化"三区三州"深度贫困地区基本公共服务功能正当其时。第一,构建贫困群体应对致贫返贫风险系统。因学、因病以及环境恶劣是"三区三州"深度贫困地区致贫的重要原因,因此,在逐步实现"救助"与"扶贫"两项制度合一的基础上,针对"三区三州"贫困群体、贫困边缘群体和刚刚脱离贫困群体防范风险的能力弱、脆弱性高,极易因疾病、升学、自然灾害冲击等导致的刚性支出剧增而更加或再次陷入贫困的特征,应考虑结合"三区三州"贫困结构特征,将分类分级保险救助系统化纳入基本公共服务内容,使帮扶对象免于因上学、疾病、灾害等冲击而致贫、返贫。第二,提升教育医疗机会平等,重视公共服务减贫途径。怒江州与阿坝州等"三区三州"深度贫困地区教育与医疗基础条件还有待进一步夯实,特别是在"三区三州"深度贫困边远山区的继续教育、培训和医疗等公共服务均等化供给不足。因此,为了提高其减贫贡献度,不仅需要强化财政转移支付支持继续教育和医疗类公共服务均等化水平,也要加强政府与社会组织间的合作,通过政府购买服务,丰富教育模式和医疗服务水平,提升"三区三州"深度贫困地区继续教育与医疗领域的机会均等化水平。

(三) 恰如其分选择林业扶贫模式

选择正确的林业生态扶贫脱贫模式将会使扶贫工作有的放矢并有效提高工作效率。目前,林业生态扶贫脱贫的有效模式主要有:第一,发展产业扶贫。对于森林资源丰富、产业发展基础性条件较好的地区,通过林药、林菌、林蜂、林禽、林畜、林草、林菜、林果等特色林下经济产业模式,发展"三区三州"深度贫困地区经济效益高、市场行情好、见效快的特色种养产业;对于草业资源丰沛地区,政府应构建产业发展基金并积极引导有序、规模发展养殖产

七 构建林业生态扶贫、脱贫长效机制的政策建议

业，提高草业资源利用效率和实现生态扶贫目标。鼓励推进"三区三州"深度贫困地区全产业链深度开发，提高产品保鲜保质能力和附加值。深入实施"三区三州"深度贫困地区乡村旅游富民工程，开发适合地方特色的旅游产品。该类别的方法是最为有效与持续性解决贫困的方法。第二，提供公益性岗位与推荐就业。主要有生态补偿扶贫。对于国家重点生态功能区的生态扶贫，应秉持"绿水青山就是金山银山"的发展理念，把扶贫脱贫与生态建设紧密结合起来，通过提高生态补偿标准和提供生态护林员岗位等途径，探索构建生态补偿扶贫机制。转移就业扶贫。大力开展职业技能培训和普通话培训，提升贫困户的就业帮扶力度，通过就地转移就业、外出务工以及东西部点对点扶贫帮扶实现稳定脱贫。该类方法是目前解决短期扶贫有效的方法。

为了有效解决"两不愁三保障"现实问题，具体方法包括：第一，异地搬迁扶贫。因地制宜地将居住在深山、石山、高寒、荒漠化、地方病多发等生存环境差、不具备基本发展条件，以及生态环境脆弱、限制或禁止开发地区的"三区三州"深度贫困地区贫困人口实施梯度搬迁，加强搬迁贫困户就业创业培训，健全移民搬迁户社会保障，促进搬迁群众稳定脱贫。第二，教育支持扶贫。实施"三区三州"深度贫困地区贫困家庭学生学业帮扶计划和教育扶贫工程，降低贫困家庭学生入学负担。第三，健康救助扶贫。提升建档立卡贫困户新农合补偿标准和大病医疗救助水平，加强因病致贫家庭以及大病家庭管控与分类救治。第四，社会保障兜底脱贫。完善农村社会救助体系，健全农村"三留守"人员和残疾人关爱服务体系，实现社会保障兜底脱贫。聚焦"三区三州"贫困县、贫困乡、贫困村以及贫困户，着力解决影响"两不愁三保障"的突出问题，因地制宜选择林业生态扶贫模式，抓好落实各项扶贫脱贫措施，助力"三区三州"深度贫困地区完成扶贫脱贫攻坚任务。

但从研究分析结果可以看出，怒江傈僳族自治州和阿坝藏族羌族自治州实现脱贫目标的最有效的林业生态扶贫模式是就业扶贫与

产业扶贫。通过政府及其行政管理部门提供生态公益性岗位能让贫困户以最快速度脱贫，通过政府及其行政管理部门构建以产业扶贫为主要模式的林业生态扶贫机制将实现贫困户长期脱贫。因此，结合其他扶贫模式，基于就业扶贫模式逐步拓展产业扶贫模式，是"三区三州"深度贫困地区贫困户实现脱贫的有效的长、短期结合的林业生态扶贫长效机制。

（四）科学选聘驻村科技工作者

通过调研资料统计分析结果证明，贫困户非常满意驻村科技工作者的工作过程和工作效果，其已经成为怒江州和阿坝州贫困户脱贫的重要影响因素，并在林业生态扶贫脱贫过程中发挥了重要促进作用。驻村科技工作者的能力是影响林业生态扶贫脱贫工作成效的重要因素，林业生态扶贫脱贫工作人员的意愿决定了参与扶贫脱贫人员工作的心情以及能力的发挥，因此，今后选聘的驻村林业工作人员必须在服务扶贫脱贫工作目的基础上树立正确的林业生态扶贫观念，才能更高效发挥其聪明才智，才能使林业生态扶贫脱贫工作效率达到事半功倍。农林生产技术对增加贫困户收入具有明显效果，因此不仅需要选聘高等院校、科研院所等事业单位科技工作者参与驻村扶贫脱贫工作，而且需要他们根据所在村落农村资源禀赋、扶贫脱贫对象增收意愿及需求等情况，发挥林业科技生产力，加快贫困户脱贫。另外，还需要鼓励具有一定营销经验的行政人员或企业领导干部挂职驻村干部，需要利用其丰富的市场开拓和市场经营经验以及营销网络及时地将贫困户生产的产品源源不断地销售出去，以此解决他们产品销售的后顾之忧。此外，还可以探索建立增值服务合理取酬机制、知识产权转化效益分配机制，鼓励和引导科研机构和科技人员到农村开展实用技术开发服务，允许科技人员参与扶贫效益分配。

（五）拓宽林业生态扶贫资金渠道

实践证明，怒江州和阿坝州实施的现金型补偿和岗位型补偿等林业生态补偿已经产生了较好的政策减贫效应，有助于帮助"三区三州"深度贫困地区实现短期内脱贫的既定目标。第一，整合各项涉林资金支持"三区三州"林业生态扶贫脱贫攻坚。我国相关涉林资金都强调森林管护功能，其与生态护林员岗位工作职责要求相一致，因此可以整合这些涉林资金支持"三区三州"林业生态扶贫脱贫攻坚。第二，提高补偿标准和拓展补偿资金渠道。国家财政部门应加大对贫困地区生态补偿的公共财政投入和提高国家重点生态功能区中贫困县的转移支付资金和专项补助资金，提高退耕还林、生态公益林等项目的补偿标准，健全生态公益林补偿标准动态调整机制，提升林业生态补偿政策的扶贫减贫效应。积极引导和鼓励社会资本和公众积极参与生态补偿实践，拓宽我国生态补偿资金的来源渠道，实现多元化的生态补偿格局，从而更加丰富国家重点贫困县林业生态补偿途径。第三，重视林业生态扶贫贫困户。基于贫困人口担任生态管护岗位的岗位型补偿的基础上，继续探索生态管护岗位设置，鼓励国有林场、森林公园、自然保护区等单位优先聘用周边贫困户从事服务性岗位或季节性工种，充分发挥岗位型补偿的益贫作用。第四，重视贫困户的规划与引导。对于危房改造、林业扶贫小额信贷、"两不愁三保障"、林业产业扶贫、林业就业扶贫等帮扶资金，应基于贫困户意愿，结合当地政府经济发展引导，做好规划设计并进行合理分配，做到预有所愿、求有所需、需有所业、业必有果，切实为提高建档立卡贫困户生活水平提供必要资金，使用帮扶资金时既能充分尊重民族关系，又要保障各少数民族人民的利益。第五，鼓励社会各阶层参与生态扶贫。鼓励社会企业、公益性组织以及个人积极参与林业生态扶贫脱贫攻坚，采取投入资金、产业发展、就业优先等多种方式帮助建档立卡贫困户，构建"政府带头，企业带动，贫困户参与"的林业生态扶贫发展模式。第六，稳步推进产业型补偿。产业型补偿有利于提高贫困人口的可持续发展能力，能够实现收入的长期稳定性，是具有较强"造血式"特点的可持续减贫措施。因此，需要结合林业生产特点和贫困户生活基本特征，发挥资源优势，广聚社会力量，在贫困地区探索产业型补偿。

（六）破解村集体经济发展困境

扶持村级集体经济发展，壮大村级集体经济实力，是推进农业适度规模经营、优化配置农业生产要素、实现农民共同富裕、提高农村公共服务能力、完善农村社会治理的重要举措，对于构建"三区三州"贫困地区脱贫攻坚长效机制具有十分重要的现实意义。但是，贫困农民自身发展能力有限、利益联结机制缺乏规范等原因致使"三区三州"贫困地区村级集体经济发展力不足，村级集体经济带动力不够。因此，基于《关于完善农村土地所有权承包权经营权分置办法的意见》，壮大村级集体经济，有效实现"利益共享，风险分散"，提高贫困户收入水平和抗生产经营风险能力，助力贫困户脱贫不返贫。第一，有效制度设计和优化完善政策支持。完善村级集体经济发展的支持政策体系，提高政策整合协同力度，重点构建支持集体经济发展的土地政策，允许将实施土地整理、村庄整治节余的建设用地指标，优先给予村级集体经济组织使用。第二，利用外部发展要素。建立支持村级集体经济的专项发展基金，发挥财政资金的投资引导作用。鉴于"三区三州"投资的高成本、高风险特征，应建立支持村级集体经济发展的专项发展基金，搭建好投融资平台，以财政奖补、税收优惠、贷款贴息、贷款担保等激励举措，撬动金融资本、社会资本投入，适度放宽准入门槛，在不损害贫困户利益、不破坏生态等条件下，实现各类农村资源资产的资本化和效率化，彻底激活农村集体经济发展潜能，并助力"三区三州"深度贫困地区农民长期脱困脱贫。第三，拓展村级集体经济发展路径。"三区三州"贫困地区可进入性基础条件和生产环境等较差，对发展物业经济和物流经济产生重大阻碍。因此，实现"三区三州"农村集体经济突破性发展，必须要选择能够发挥比较优势和具有区域特色的发展道路。第四，注重电商扶贫脱贫帮扶机制。"三区三州"深度贫困地区发展村级集体经济，以农产品和产成品为重点，以资源禀赋条件为基础，根据产业发展特征和阶段性，依托农村集体经济组织，构建"三区三州"深度贫困地区特有的电商扶贫脱贫帮扶机制。

（七）构建扶贫脱贫产业体系

产业发展是带动"三区三州"深度贫困地区经济发展并以此带来经济收入和就业的持续发展的重要载体，因此，巩固"三区三州"深度贫困地区脱贫成果应依靠产业解决"不返贫、富得起、奔小康"的问题，需要构建产业富民支撑体系。第一，高质量发展特色富民产业。要充分利用当地的特有资源、充分发挥当地的比较优势，从实际出发，明确思路与重要目标，制定符合当地实际情况的产业发展蓝图。重点探索如何将贫困户纳入现代产业链中，解决贫困户经常面临的信息、技术、资金、市场等方面的困难。例如大力发展林下生态种植，大力发挥出当地的生态优势、民族特色，打造出原生态的农产品，从而有利于贫困户拓展出有发展潜力的产业和业务。地方政府需要从理念、资本、技术知识等方面强化对于贫困地区的引导和支持，把农民分散的产业生产纳入到当地的产业体系当中，以区域经济发展带动农民的产业发展与经营。第二，让新兴产业成为新的经济增长点。以"电商+扶贫"构建县、乡、村、屯四级"农村e邮"新型产业支持"三区三州"深度贫困地区扶贫脱贫；积极发展"旅游＋扶贫"，加强生态保护与修复管理，依托"三区三州"各具特色旅游资源积极发展乡村生态旅游产业。怒江傈僳族自治州和阿坝藏族羌族自治州可以依托美丽的怒江大峡谷、美丽的高山草甸或草原以及丰富的传统文化资源积极发展旅游产业。第三，建立科技驱动支撑体系。建立健全科技驱动支撑体系需要考虑以下一些因素：应用现代科学技术改造提升传统农业，加强现代化科学管理，提升传统农业产品科技含量水平和附加值，增强农产品附加值；进一步建立和完善电子大数据系统，加强农业生产经营预测、预警、指挥、协调功能。

（八）完善生态环境保护机制

由于"三区三州"深度贫困地区本身就是生态环境脆弱、自然资源匮乏、人地关系紧张的区域，在对深度贫困地区的扶贫问题进行研究和探讨时，应当高度重视生态环境对深度贫困地区经济发展的重要影响。切实利用好当地的生态环境资源，不可因为一味追求经济效益而破坏生态环境。特别是在生态环境脆弱地区，在基于追求产业扶贫基础上，必须重视当地生态环境保护，切莫兴产业毁生态。比如，在生态环境脆弱的怒江河谷发展林果以及开展"怒江花谷"生态建设工程时，需要考虑林果和林花的种植方式对脆弱生态环境的保护，切不可采用全垦方式破坏脆弱的林草生长环境，以防林果、林花产业尚未发展就造成雨季大面积水土流失或发生泥石流等地质灾害。

（九）建立脱贫户防范返贫机制

扶贫脱贫工作既注重数量也需要重视质量，需要多管齐下提高脱贫质量，才能巩固"三区三州"林业生态扶贫脱贫成果。要严把贫困退出关，严格执行退出的标准和程序，确保脱贫。要把防止返贫工作摆在重要工作日程，适时组织对脱贫贫困户开展"回头看"，毕竟扶贫脱贫后返贫的原因层出不穷，因病、因残返贫，因产业经营亏损返贫，因自然灾害影响农牧业减收而返贫等，如何让刚刚脱贫的人口不再返贫，需要继续统筹做好贫困户与边缘户、脱贫户的帮扶工作，对收入水平略高于建档立卡贫困户进行全面摸排、精准分析，尽快制定针对性的扶持政策。保持贫困地区党政正职稳定，确保扶贫、脱贫领导方向不变向和扶贫脱贫持续性；保持工作重心不偏移，统筹做好贫困县贫困村扶贫、脱贫工作与兼顾非贫困县非贫困村贫困脱贫工作。强化扶贫对象的动态管理，加强返贫监测，探索建立稳定脱贫长效机制，坚决避免边脱贫边返贫现象。

附件：脱贫长效机制调研组的云南怒江州调研手记

国家林业和草原局　张建辉

（一）走进福贡县匹河怒族乡

1. 匹河怒族乡自然状况

福贡县属于我国深度贫困地区，位于脱贫攻坚的主战场——"三区三州"之一的云南省怒江州。匹河怒族乡（以下简称匹河乡）位于云南省福贡县南部，东以碧罗雪山主山脊为界并与兰坪县接壤；西以高黎贡山主山脊为界并与缅甸联邦相邻；南接泸水县洛本卓乡；北连本县子里甲乡。地处"三江"并流区的怒江神秘大峡谷，

调研组在福贡县匹河怒族乡

其村寨多分布于碧罗雪山、高黎贡山海拔1500米到2000米地带。乡境内国境线为16公里，乡政府驻地为匹河镇，距福贡县城45公里，海拔1060米。

2. 匹河怒族乡扶贫情况

全乡共辖普洛、老姆登、知子罗、沙瓦、架究、托坪、瓦娃、棉谷、果科9个村委会，47个自然村，96个村民小组，2017年全乡共有2922户，12000人，其中怒族人口占总人口的85%，是全国唯一的怒族乡，此外还散居有傈僳族、白（勒墨）族、汉族、纳西族、布依族等民族，共占全乡总人口的15%。

3. 匹河怒族乡扶贫方式及效果

近年来，通过易地搬迁、产业扶贫（茶产业、核桃产业、蜂产业）、生态扶贫以及发展乡村旅游等林业生态扶贫方式，部分村寨率先脱贫致富，其中以老姆登村最为耀眼夺目。

一种说法，老姆登是"人喜欢来的地方"，还有一种说法，老姆登是"竹子丛生的地方"，取自"竹林深处有人家"的诗句。全村现有人口1200余人，其中建档立卡贫困户82户，共285人，占全村总人口约24%。老姆登村被评为全国最美边疆村寨之一，是怒江傈僳族自治州乡村旅游的一张名片。这里拥有诗意般的山水田园景色、神秘独特的怒族传统文化、白雪皑皑的碧罗雪山、神奇秀美的皇冠峰、传承千年的怒族民歌以及"采茶东篱下，悠然见雪山"的恬淡生活，每年都吸引着全国各地游客慕名而来。

（1）千亩茶园夯基础。福贡县匹河乡老姆登村现有两家高山茶种植农民专业合作社，其中一家由和大林等 11 人于 2010 年 11 月 20 日发起成立，合作社自成立以来，实行"合作社＋社员（贫困户）＋基地＋市场"的产业化运营模式，带动广大贫困户扩大茶叶种植规模与提升家庭经济收入。现有社员 125 户，茶叶种植面积 1806 亩（其中 6 亩为厂房面积）。此外，专业合作社还带动周边贫困户 200 户、带动基地茶叶种植面积 1000 亩，年产值突破 2000 万元。

福贡县老姆登村高山茶茶园

（2）乡村旅游促发展。2017 年 3 月，福贡县政府投入 1200 万元，开展知子罗—老姆登民族旅游特色小镇工程建设。目前，老姆登村已完成污水排污管线和旅游广场工程施工，许多配套设施建设正陆续推进。匹河乡正努力把老姆登村建成"宜居、宜业、宜游、宜养"的怒族特色旅游村寨，让更多的怒族群众依靠旅游业走上致富路。

走在老姆登环村水泥路里，一栋栋篾笆外墙装饰的新房依山就势，掩映在翠绿田园间；新建的达比亚广场民族特色鲜明，绿树婆娑、景色宜人。老姆登村环境越来越好，设施逐渐完善，游客逐年增多，年接待游客 10 余万人次，旅游收入达 300 多万元。

老姆登村风景及怒族特色村寨

（3）核桃产业助脱贫。2017 年 9 月 16 日，云南省人民政府办公厅印发了《云南省核桃产业发展行动方案》（云政办发〔2017〕96 号，以下简称《行动方案》）。借着这股东风，老姆登村积极种植核桃面积 2000 余亩，目前年产核桃约 60 吨，年产值突破 120 万元。

（二）走进福贡县架科底乡

福贡县隶属于我国深度贫困地区、脱贫攻坚的主战场——"三区三州"之一的云南省怒江傈僳族自治州。架科底乡位于福贡县中部，距福贡县城 17 公里。北靠上帕镇，南接子里甲乡，东临兰坪县，西与缅甸毗连。

调研组在架科底乡

1. 架科底乡自然概况

架科底乡总面积 274.3 平方公里，边境线长 8.25 公里。架科底乡整个区域属 "V" 字形峡谷地貌，境内最低海拔 1160 米，最高海拔 4379 米，山高坡陡，坡谷相间，平均坡度在 30°以上。气候为横断山区的立体型气候，江边河谷为亚热带气候，半山为温带，高山为寒带。平均气温 17℃，年平均降雨量在 800 毫米以上。架科底乡雨量充沛，空气湿度大，水能资源丰富，是福贡县六乡一镇政府驻地且为中缅边境怒江西岸的唯一乡镇。

2. 架科底乡扶贫情况

由于受自然条件限制，自身综合能力差，与全县其他乡镇相比，架科底乡自然环境恶劣，基础设施滞后，宗教管理工作任务重，资金来源极为困难，群众贫困面大，贫困程度深，是一个典型的高山峡谷、边疆贫困、民族宗教为一体的特困乡。

架科底乡辖 6 个村民委员会、48 个自然村、86 个村民小组，农村常住人口为 3937 户 18150 人。境内居住着傈僳族、怒族、汉族、白族等 8 个民族。全乡共有建档立卡贫困户 2645 户 13300 人，其中，未脱贫（返贫）2369 户 11848 人，已经脱贫 276 户共 1452 人，全乡贫困发生率为 62.99%。按照"六个精准"要求，架科底乡持续推进"五个一批"工程和"345"扶贫思路，紧盯目标任务，实施"6+3"精准脱贫行动，持续精准发力，稳步推进各项脱贫攻坚工作任务。

3. 亟待解决的问题

（1）林果产品销路依然不畅。核桃、草果、油茶等林产品销路不畅，尤其是核桃，2018 年售价仅为 3~4 元/斤，严重挫伤了贫困户的种植积极性。

（2）道路交通状况亟待改善。由于乡辖各个村庄都位于大山深处，从福贡县城到各个村庄的道路格外崎岖。虽然近年来道路状况不断改善，但是仍然十分难行，且时常发生塌方或落石。

（3）田间道路难以满足运输需求。全乡现有道路难以满足运输林果产品的需求，虽然 2018 年部分贫困户林果丰收，但是收入增加甚微。据里吾底村一位村民反映：2018年其家产的草果，按照县城里市场价计算，原本可以卖到1万元；但由于田间道路不通，运输车辆无法进入，只能依靠人背肩扛，人工成本就花去一半收入！

（三）走进泸水市古登乡

泸水市，为云南省县级市，怒江傈僳族自治州所辖，州政府所在地，位于云南省西部，北与福贡县接壤，东北与兰坪白族普米族自治县毗邻，东与大理白族自治州的云龙县相邻，南靠保山市的隆阳区，西南连腾冲市，西与缅甸接壤，土地面积3203.04平方公里，国境线长136.24公里，占云南省边境线的3.36%。

1. 古登乡基本情况

古登乡地处泸水市北部的横断山纵谷区，东靠碧罗雪山与兰坪县相邻，西依高黎贡山同缅甸相毗邻，北接洛本卓白族乡，南连称杆乡。总面积328平方公里，地势北高南低，最高海拔4379米，最低海拔907米，地表山峰林立，沟壑纵横，地势崎岖，岩层裸露，属典型的山地特征。

调研组在古登乡调研

全乡共有 11 个村委会，109 个自然村，147 个村民小组，全乡居民 4930 户，全乡总人口 16289 人。其中农业人口 3966 户 14925 人。目前，全乡共有建档立卡贫困户 3013 户 12371 人，未脱贫建档立卡贫困户 2504 户 10358 人，其中深度贫困户 191 户 564 人，重点贫困户 312 户 1289 人，一般贫困户 2009 户 80399 人，边缘贫困户 131 户 466 人。

2. 古登乡脱贫攻坚推进情况

（1）贫困村退出。聚焦建档立卡贫困人口稳定解决"两不愁三保障"，围绕贫困户推出 6 项标准，贫困村退出 10 项标准。目前，脱贫出列村目标难以完成，贫困村退出不纳入 2018 年计划。

（2）贫困人口退出。古登乡紧盯脱贫实效，对系统预脱贫 163 户 658 人，从 9 月起对全乡预脱贫人口挂图作战，对纯收入、住房、养老保险、医疗保险、控辍保学、户均享受一项国家脱贫政策全面排查，缺什么补什么，一项一项逐一落实，实现年底减贫任务。

（3）易地搬迁。一是完成了佑雅双苦底易地安置点竣工验收入住工作，安置点涉及贫困户 45 户 164 人（建档立卡贫困户 40 户 154 人），完成美丽宜居工程房屋建设 486 户 2097 人（建档立卡贫困户 302 户 1233 人）；二是有序推进马俄河易地搬迁安置点建设工作，保证 202 户 846 人搬迁群众能够顺利入住，目前马俄河易地点建设已达到群众入住条件；三是进城集中安置，通过精准核查全乡易地扶贫搬迁对象建档立卡贫困人口（规模内 556 户 2300 人，规模外 1323 户 5166 人），共计 1879 户 7466 人。上述贫困户均已签订搬迁"三份协议"，不久将择期搬迁。

（4）农危改工作。古登乡 2018 年农危房改造对象有 591 户，目前完成 2018 年古登乡农村危房改造项目的加固、重建共计 84 户，完成农村危房改造补贴报账 34 户，目前全乡 11 个村委会的农危改工作已全面启动，另有 293 户正在动工中。

（5）劳动技能培训和劳动力转移。一是在全乡范围内先后开展劳动力技能培训有 9 场，培训人员 795 人，完成了在家务工人员的技能培训及马俄河易地点群众入住前的生产技能培训；二是通过多方面、多维度的方法对劳动力转移的相关政策进行宣传。截至目前，古登乡外出务工人员达3678人，其中到珠海务工人数55人。

（6）教育扶贫。古登乡全面落实义务教育"两免一补"、农村义务教育学生营养改善计划、14年免费教育等惠民政策，"一村一幼"实现全覆盖，全乡共有各级各类学校16所，其中，初级中学1所，服务对象为古登乡、洛本卓乡，在校学生1207人；全乡小学现有5所学校，其中完小2所（乡中心完小、马垮底小学），教学点3个（干本小学、佑雅新村小学、季加小学），规模是一年级至四年级。小学在校学生1561人，46个教学班；开办了10所幼儿园，在校幼儿生209人，目前全乡在校学生2977人，只有3名学生辍学。

（7）养老保险。截至目前，古登乡有11个行政村，16~59周岁的实际参保人数为6488人，共缴费参保资金达669800元，已领取养老保险待遇人数1691人。

（8）医疗保障。古登乡应参加新农合人数14833人，实际参合人数14047人，参合率达到94.8%。全乡11个行政村卫生室中目前达标2所（分别为佑雅、马垮底），目前有5个行政村的卫生室正在建设当中。

3. 俄夺罗村脱贫攻坚

俄夺罗村位于泸水市古登乡东南边，全村国土面积82.89平方公里，耕地面积3383亩，水田面积73亩，人均耕地0.90亩，林地面积96532.9亩（其中，核桃4035.4亩，漆树5598.7亩）。俄夺罗村主体民族为傈僳族，全村共有15个自然村21个村民小组，376户1358人；其中建档立卡贫困户361户1337人，非建档立卡户15户21人。外出务工85人，其中，省外40人，省内45人，就地200人。古登乡俄夺罗村376户1358人中，建档立卡户就有361户1337人。如何让这部分群众如期脱贫？挂钩该村的泸水市林业和草原局结合当地气候等资源优势，从种植结构调整入手探索脱贫之路。

俄夺罗村林业产业

除了种雪梨，漆树种植也全面展开。泸水市林天然脱贫攻坚造林合作社和元吉脱贫攻坚造林扶贫专业合作社，分别依托50万元产业扶贫资金，以土地流转方式，租赁了当地村民的200亩土地进行漆树种植，合作社社员不仅从流转土地中获得每亩1200元的流转收益，还能在合作社基地里打工取得劳务报酬。下一步，基地里还将种植白花木瓜和樱花树。

按照巩固漆树和核桃树"两棵树"，发展"一梨（俄夺罗梨）、一药（重楼、黄精、白芨、木香）、一蜜（中蜂）、一道（漆树道、俄夺罗梨道）"的帮扶思路，市林业和草原局积极争取帮扶资金，在俄夺罗村种植了黄精、白芨。目前正在实施的还有重楼、雪梨等，茶叶种植正在规划当中。

（四）走进泸水市片马镇

泸水市，为云南省县级市，怒江傈僳族自治州所辖，州政府所在地位于云南省西部，北与福贡县接壤，东北与兰坪白族普米族自治县毗邻，东与大理白族自治州的云龙县相邻，南靠保山市的隆阳区，西南连腾冲市，西与缅甸接壤，土地面积3203.04平方公里，国境线长136.24公里，占云南省边境线的3.36%。

1. 基本情况

片马镇位于怒江州泸水市西部,高黎贡山西坡,恩梅开江支流小江(中缅界河)以东,片马镇国土面积153平方公里(22.95万亩),其中,高黎贡山自然保护区面积17.5万亩,森林覆盖率达95.4%。东与鲁掌镇毗邻,西、南、北三面与缅甸接壤,国境线长64.44公里,是中缅边境北段交通要道和商业往来的重要通道,是怒江面向南亚、东南亚的辐射中心。

调研组在片马镇

全镇辖片马、古浪、岗房、片四河4个村民委员会和1个景朗社区居委会共14个村民小组、5个居民小组。镇域内居住着汉族、景颇族(景颇支系茶山人)、傈僳族、纳西族、白族(白族支系勒墨人)、彝族、壮族、怒族等8个民族,共有828户3327人,其中农业人口565户1960人。截至2018年底,全镇共有片马、古浪、岗房、片四河4个贫困村,建档立卡户268户990人,建档立卡贫困户52户152人(6户17人收入不达标,人均纯收入不达3500

元），贫困发生率7.87%。

2. 历史沿革

片马自古以来属中国领土。唐、宋为南诏的西域领地，元属云龙甸军民府，明永乐五年（1047）属茶山长官司管辖，清属永昌府登埂土司辖地。光绪二十年（1894）清政府与英国政府签订《中英续议滇缅界务条约》将片马地区作为未定界。宣统二年（1911）英国派兵强占片马。1948年缅甸宣布独立，英军撤出片马，但片马又被缅甸占领。1961年6月4日，根据中缅两国签订《中缅界务条约》之规定，将片马、古浪、岗房地区归还中国。片马回归后，设片古岗特区直属丽江专区辖。1966年9月，设片古岗公社。1984年恢复为片古岗区。1986年片古岗更名为片马区。1987年改设为片马乡，1995年改设为片马镇。

3. 资源优势

片马镇自然资源丰富，森林资源有柚木、青松、云杉、铁杉、楠木、香樟、秃杉、红豆杉、黄杉等珍贵树种，蓄积量达200余万立方米。镇域内盛产木瓜、梅子、草果、木耳等经济作物和木香、天麻、虫草等贵重药材。还有怒江金丝猴、羚牛、小熊猫、白腹锦鸡、短尾梢虹雉、绿孔雀、白鹇等国家重点保护动物。早年前就已探明：缅甸巴吾库铁矿贮量7000万吨以上，缅甸兰洋片区铁矿储量5000万吨以上，中缅北段附7号缅方一侧的铁、铅、锌、铜、锡、钨等混合矿储量超过3000万吨以上。目前，在缅北其他地区又相继发现大矿体存在，开发潜力巨大。同时，缅北与片马口岸相邻的地区水能资源十分丰富，投资开发潜力十分巨大。

4. 特色文化

片马境内的景颇族是古老的景颇族发源地之一（也被称为景颇族重要的迁徙地之一），景颇族的茶山支系是片马的世居民族，有着独特的民族文化。每年的农历10月15日至20日为茶山人的新米节。过新米节犹如过新年一样，热闹非凡，过节时家家户户煮好新米饭，摆上酒、米，祭天神、祖先和铁三脚。村内的年轻男女则着民族盛装聚集到片马景颇广场，点燃篝火，唱歌跳舞，寻偶觅伴，欢快无比，独具民族特色。

5. 旅游景点

片马口岸境内外旅游资源丰富。无论是人迹罕至的高山冰川湖泊、冰雪皑皑的山峰、跌宕直下的林间飞瀑，还是纯朴的民风民俗，都是未经雕琢的天然古朴、充满了自然野趣与高度纯真之美。多姿多彩的民族风情、令人遐想的异国情调都是片马口岸独有的、潜力巨大的优势资源。旅游区的景观主要有：高黎贡山原始针阔叶林、神秘的听命湖、片马抗英纪念馆、纪念碑、驼峰航线纪念馆、中缅国门（16号界碑）、中缅边境田园风光、景颇广场等。随着口岸区域经济的转型发展，片马各类丰富的自然、历史、文化等资源及口岸平台优势，将成为怒江连接、牵动缅北乃至南亚、东南亚的重要纽带。

片马镇秀美风光

6. 政策机遇

未来五年，片马镇发展面临重大机遇。国家实施"一带一路"倡议，云南省委、省人民政府着力构建"一核、一圈、两廊、三带、六群"区域发展新空间，依托片马边境经济合作区，推进建设融入国家"一带一路"和"孟中印缅经济走廊"大有可为。国家和云南省对"怒江问题"的关注和支持前所未有，国家支持后发地区发展、片区扶贫攻坚和全州扶贫深入推进、珠海与怒江结对帮扶等一系列政策措施都将给片马镇跨越发展带来重大机遇。

7. 片马镇林业扶贫小结

（1）住房改造稳步推进。边民危旧房改造项目。计划实施抵边自然村四类重点对象的边民危旧房改造项目，2018年片马镇四类对象CD级危房存量128户，最后确定为121户，其中建档立卡贫困户86户，87户已申报抵边安置。有2户为地质灾害搬迁对象，所以真正符合2018年"四类对象"农村危房改造的片马镇有32户。截至11月30日，这32户已经全部开工，竣工14户。投入项目资金73.60万元。特色民居外观改造项目。组织实施抵边自然村特色民居外观改造项目194户，总投资116.40万元。目前，已开工建设101户，已完工69户，完成投资60.60万元，计划2019年6月前完工。抵边新村建设项目。共涉及四个村的五个点（片四河点、金索朗点、端奖点、古浪点、岗房点），计划安置247户885人。片马镇抵边端奖安置点。片马镇片马村端奖易地扶贫搬迁安置点，计划安置88户400人，其中建档立卡贫困户88户400人。该点已启动建设12栋安置房，共189套，可安置671人。其中，1人户21套、2人户38套、3人户28套、4人户40套、5人户42套、6人户20套。安置房分别有：6层4栋，5层7栋，3层1栋。1栋公共用房（2层）。目前已封顶5栋。投入项目资金6156万元。通村公路建设项目。计划配套实施道路硬化到村，4个村均已实现，但道路防护栏只有片马村建设完成，其余3个村正在建设。投入项目资金708.60万元。

（2）特色种植、养殖助力脱贫。截至 2019 年 3 月，通过政府扶持、企业帮扶带动、贫困户自发种养殖等形式，全镇已经种植核桃 1.82 多万亩、种植草果 0.76 万亩、种植花椒 0.3 万亩，完成重楼种植 500 亩、吴茱萸种植 312 亩、天门冬种植 80 亩、生猪存栏 2000 头，牛存栏 620 头，羊存栏 3059 只，家禽存栏 4000 只，中蜂养殖 879 箱。

（3）2018 年产业实施情况。一是 4 个贫困村产业扶持项目，资金为 400 万元，项目 100% 覆盖所有建档立卡户。按照长短结合、种养结合、群众受益的原则，片四河村以重楼和天门冬种植为主、片马村以重楼和白芨种植为主、古浪村以吴茱萸种植为主、岗房村以种植山药为主。同时结合中药材种植，适度发展养殖业，其中以片四河村中蜂养殖、片马村淡水养鱼、岗房村独龙牛、本地黄牛和茶山鸡养殖为主进行规划。在长期发展上，片四河村完成 1 个滇重楼育苗优化基地建设，投入 60 万元；片马村完成 1 个高产重楼和白芨种植基地建设，投入 70 万元；古浪村完成吴茱萸育苗、种植、加工一体化项目，投入 100 万元。在短期发展上，片四河村完成 1 个中蜂养殖基地，投入 20 万元；片四河村和片马村投入完成 3 个鱼塘养殖建设，投入 40 万元；岗房村山药种植，投入 30 万元；建设 1 个独龙牛和本地黄牛养殖场，投入 50 万元；建设 1 个生态土鸡养殖场，投入 20 万元。

（五）走进兰坪县兔峨乡

兰坪白族普米族自治县（以下简称兰坪县），隶属怒江傈僳族自治州，地处云南省怒江傈僳族自治州的横断山脉纵谷地带，北接维西傈僳族自治县，东北连玉龙纳西族自治县，东南靠剑川县，南邻云龙县，西与泸水市、福贡县接壤。属低纬山地季风气候，是中国唯一的白族普米族自治县。兰坪县地处中国西南边陲，怒江、澜沧江、金沙江"三江并流"世界自然遗产核心区。地理和交通呈星形向"三江并流"国家级风景名胜区的周边各县辐射，是滇西四地十县旅游环线的中心节点和主要入口，自然成为三江并流区旅游通道的中心驿站，"三江之门"是兰坪旅游文化品牌。兰坪县辖4乡4镇，面积4455平方公里，人口21万人，境内居住有白族、普米族、怒族、藏族、汉族、傈僳族、彝族等14个民族。

调研组在兔峨乡调研

1. 兔峨乡基本情况简介

兔峨，怒语"塔乌"的谐音译语，是大坝子的意思，兔峨乡有一个约3平方公里的坝子，兔峨乡因而得名。

兔峨乡位于兰坪县西南部的澜沧江两岸，东南与大理州云龙县、兰坪县金顶镇接壤，东北与兰坪县啦井镇相连，西与泸水市、福贡县毗邻，北同兰坪县营盘镇相连，是兰坪县的"南大门"。全乡辖14个村委会、76个自然村、86个村民小组，总人口6375户20573人，其中，乡村人口5454户19276人。全乡土地面积为

544.05平方公里，耕地面积5.38万亩（其中25°以上的陡坡耕地3.32万亩）。截至2019年2月，全乡14个村均为贫困村，建档立卡贫困人口9578人，贫困发生率49.69%，高踞全县前列。全乡生态环境脆弱、自然灾害频发、生产条件恶劣、社会事业落后，境内80%以上的傈僳族群众处于深度贫困状态，澜沧江西北部的6个村整体处于区域性贫困，是兰坪区域性、整体贫困的典型和缩影，扶贫难度大、成本高。

调研组在兔峨乡调研

2. 兔峨乡历史沿革

兔峨乡在1913年兰坪建县前隶属丽江县为山后里，系罗氏土司领地，建县后为西新化里，1919年为第六区，1940年为兔峨镇，1950年建政时为第四区，1953年为第六区，1958年公社化后改为兔峨公社，1983年体改将公社改为区，1987年又改区为乡，后一直沿用至今。兔峨从罗氏土司管辖时至今都是全乡政治、经济、文化中心。

3. 兔峨乡自然资源丰富多样

兔峨自然资源丰富多样。全乡森林面积54405公顷，森林覆盖率69%，盛产云南松、华山松等优质木材，分布有珍稀树种榧木、红豆杉等，林下产品有松茸、松露、木耳、野生药材；矿藏资源有铅、锌、铜、铁、钼、石膏等；境内建有装机92万千瓦的大华桥水电站，乡内可供开发的大小河流7条，水能蕴藏量大；气候资源得天独厚，属于典型的干热河谷，盛产优质小红软米（被誉为云端上的红米），以及依主梨、石榴、枇杷、黄果等热带水果。

4. 兔峨乡文化多元生态

乡内居住着傈僳族、白族、怒族、彝族、普米族、纳西族等12个少数民族，其中怒族是兰坪县境内唯一在兔峨居住的全国特少数民族之一。怒族柔若人使用的柔若语，是一种濒危语言。民族歌舞特色多样，代表作有怒族《阿楼西杯》、傈僳族无伴奏多声部合唱《摆时》等。境内还有云南旅游名胜怒江州境内土司衙门中保存较好的唯一建筑群——省级文物单位兔峨土司衙门。

5. 兔峨乡扶贫攻坚进展小结

（1）近年来产业发展情况。按照"产业发展生态化、生态建设产业化"的理念，近年来，兔峨乡结合乡情实际，认真谋划，积极争取。一是建设了江末村水果基地1840亩，其中，退耕还林面积300亩，巩固退耕还林成果优化树种面积1540亩，以市场化运作，公司工程造林，以"公司+专业合作社+建档立卡贫困户"的方式，种植了五星枇杷1540亩、金煌芒果300亩；二是完成生态脱贫林产业示范样板林建设项目种植枇杷1528.9亩；三是完成珠海帮扶花椒产业示范园建设3000亩；四是州委统战部帮扶种植花椒2500亩；五是完成阿塔登滑坡体造林治理项目710亩，主要种植青香木、竹子、枇杷；六是完成珠海帮扶中蜂养殖800箱；七是投入产业培育资金500万元，由10个经营主体辐射带动贫困户发展软红米、中药材、特色水果及畜禽养殖。

（2）2019—2020年产业扶贫发展重点。一是林业产业发展，总投资11274.56万元，其中果树产业7046亩（投资5636.8万元）、花椒4286亩（投资1542.96万元）、漆树410亩（投资147.6万元)、山胡椒 690 亩（投资 55.2 万元）、特色水果 7505 亩（投资 3002 万元）、核桃提质增效 7000 亩（投资 350 万元）、花谷建设 1500 亩（投资 540 万元）。目前已全面落实到村、到组、到户地块和贫困户花名册，正在组织实施；二是特色种植业发展，总投资 1360 万元，其中，中药材 5000 亩（投资 1000 万元）、特色蔬菜 1800 亩（投资 360 万元）、羊肚菌 150 亩（投资 45 万元）、软红米 3000 亩（投资 180 万元）。全部采用以"村集体合作社＋经营主体＋基地＋建档立卡户"的模式运作，目前已完成经营主体筛选确定，正在开展实施方案编制、合作协议条款洽谈等项目落地前期工作；三是养殖业发展，总投资 1743.5 万元，其中牛 400 头（投资 520 万元）、生猪 2000 头（投资 300 万元）、山羊 2000 只（投资 300 万元）、土鸡 30000 只（投资 120 万元）、中蜂 2650 箱（投资 503.5 万元）。全部采用以"村集体合作社＋经营主体＋基地＋建档立卡户"的模式运作，目前正在开展实施方案编制、合作协议条款

兔峨乡枇杷产业基地

洽谈等项目落地前期工作；四是物流体系建设，总投资1225万元，建设冷库仓储1座，由县农业局组织实施，目前已完成建设地点选址和征地工作，正在确定经营主体；五是扶贫车间建设，总投资650万元，建设扶贫车间13个，采用以将代补、先建后补的方式，以"经营主体+扶贫车间+建档立卡贫困户"的模式运作，目前正在筛选确定经营主体和建设地点。

（3）2019年产业结构调整情况。一是在通过珠海帮扶在全乡主要水田坝发展软红米3000亩、结合扶贫产业发展特色蔬菜1800亩；二是在公路两侧、面山和陡坡地全面推广种植经济效益较好的豆类、药材等，全面禁种高秆作物；三是结合种养殖业产业扶贫规划和坡改梯项目，抓好生物药材、特色蔬菜、特色水果和配套饲草饲料为主的生态循环农业，全面推进全乡农业产业结构调整。

兔峨乡易地搬迁安置规划

（4）亟待解决的困难和问题。一是全乡贫困面大，贫困人口多，贫困程度深，自我发展难度大，致贫因素多，扶贫成果巩固难，脱贫攻坚和同步建成小康社会的任务非常艰巨；二是全乡产业发展仍处于"小、散、弱"的状态，带动产业发展的农民种养殖专业合作社、养殖场、公司等各种经营主体规模小、基础差、能力弱，不敢干、不敢闯，在全乡扶贫产业发展、带领建档立卡贫困户脱贫致富方面很难发挥主力军和领头雁的作用，构建促进农民持续增收的支柱产业体系困难重重；三是以交通、水利为代表的各项基础设施仍然薄弱，群众文化素质普遍偏低，内生动力不足等，严重制约了全乡产业结构调整和扶贫产业建设，结构型、条件型、素质型贫困因素仍然是全乡脱贫攻坚最大制约和障碍。

（六）走进兰坪县中排乡

调研组在中排乡调研

1. 中排乡基本情况

位于兰坪县城西北方，东临河西乡，南接石登乡，西与福贡县交界，北与维西县维登乡接壤，距县城125公里，境内最高点老窝山海拔4438米，乡政府驻地海拔1780米。年平均气温16.2℃，年平均降雨量840.1mm，年霜期70天。中排乡地处东西各有南北走向的怒山山脉和县境内云岭山脉中雪盘山之间，澜沧江干热河谷两岸，属典型的"两山夹一谷"，海拔2100米以上地区属于中山温凉气候，以下地区属于干热河谷气候。

2. 脱贫攻坚成效显著

（1）动态管理工作扎实推进。对全乡4042户15103人原始建档立卡贫困户制订了帮扶计划，对2882户10435人现有贫困户落实了帮扶措施，2018年中排乡建档立卡贫困人口退出279户1074人。

中排乡花椒产业基地

（2）危房改造项目有力推进。全面启动了2017年四类对象危房户408户，并结合每户实际情况制订了"一户一方案"，全面完成主体结构260户，竣工率63.7%，在建148户。

（3）易地扶贫搬迁稳步推进。完成"三年行动计划"符合易地扶贫搬迁135户搬迁入住,启动了不符合157户的住房建设。完成进城搬迁安置2017年81户300人、2018年192户762人,共273户1062人。完成新增易地扶贫搬迁"进城抵边"集中安置1838户6907人,其中,建档立卡贫困户1647户6149人,同步搬迁户191户758人。

(4)产业发展项目统筹推进。坚持以农业增效、农村发展、农民增收为核心,以龙头企业、专业合作社等新型农村合作经营主体带动产业发展。实施东西协作珠海横琴新区帮扶脱贫攻坚项目3个投资90万元;78个建档立卡贫困户蛋鸡养殖年补助资金12.48万元;锁定2016—2018年光伏扶贫电站项目受益对象923户;"小额信贷"全年累计发放贷款707万元。投入500万元产业发展资金,共建设12个项目,产业带动成效明显。

(5)村级集体经济全面推进。按照"确保年度计划脱贫出列村达标、巩固发展壮大薄弱村、全面消除空壳村"的要求,切实解决行政村一级缺钱办事、无钱办事的现状,确定并优化了12个村级集体经济建设项目,共投资960万元,目前,以多依鸿慧黄山羊养殖合作社为代表的村级集体经济已初具规模。全乡已基本形成"以点带面、示范带动、争先发展"的良好局面,有效缓解了村级"为民服务"的压力。

中排乡核桃产业种植基地

（6）扶贫项目建设有序推进．完成烟川来登易地搬迁点地质灾害隐患治理工程，5个行政村活动场所项目建设、54个党群活动场所项目建设、小龙村民族团结示范村项目建设、"三年行动计划"易地扶贫搬迁项目建设、碧玉河村居家养老服务中心和老年活动中心项目建设，17个卫生室项目建设，东西协作帮扶脱贫攻坚等项目建设任务，项目总投资4133.85万元。正在实施2017年农村危房改造和抗震安居工程项目408户，德庆行政村活动场所项目建设、村级综合文化服务中心覆盖工程，第一批脱贫攻坚统筹整合使用涉农资金项目，第四批脱贫攻坚统筹整合使用涉农资金项目，农村安全饮水巩固提升工程，碧罗雪山森林防火通道工程和老窝山旅游基础设施建设，项目投资5398.12万元，启动了秦归山水库项目前期工作。

（七）走进兰坪县啦井镇

1. 啦井镇基本情况

啦井镇位于兰坪县中部，地处东经99°10′~99°23′，北纬26°18′~26°41′，东接通甸镇、金顶镇，南连兔峨镇，西与营盘镇接壤，北同石登镇毗邻。啦井镇是革命老区，是兰坪县的政治、经济、文化中心，具有悠久的历史和独特的盐马古道文化。全镇总面积509.39平方公里，辖9个村委会，97个自然村，104个村民小组，全镇人口16290人，农业人口15038人，占总人口的92.3%。

2. 啦井镇镇情特点

啦井镇镇情特点可以概括为"老、少、山、穷、富"五个字。

"老"就是历史悠久，啦井镇是兰坪县的老县城和革命老区，在20世纪80年代前曾是"桃花盐"的产地，拥有丰富的盐马古道文化和厚重的兰坪历史文化。1950年4月15日，兰坪县城从金顶迁往啦井，1985年8月，县城迁至金顶镇江头河。

调研组在啦井镇调研

"少"就是少数民族聚居,境内有白族、普米族、傈僳族、彝族等,少数民族人口占全镇总人口的97%以上。普米族是全国人口较少民族,傈僳族是全国六个特别贫困民族之一。

"山"就是山区面积大,全镇9个村基本都在山区,全镇荒山草地面积10.9万亩。境内最高海拔为3854.8米,最低海拔1450米,年平均降雨量1200mm。镇政府驻地啦井村委会距县城35公里,海拔2300米。

"穷"就是贫困面大、贫困程度深,截至目前,全镇还有5个贫困村,建档立卡贫困户1908户7221人,未脱贫192户659人,贫困发生率4.25%。

"富"就是资源富集,境内森林资源、旅游资源、生物资源、水资源丰富,全镇林地面积53.2万亩,森林覆盖率为78%,是兰坪县森林植被较好的乡镇之一。境内有云南松、云南铁杉、云杉、黄背栎、槭木、怒江黄杉、红豆杉、冷杉、杜鹃等种子植物,生息着滇金丝猴、熊、豹、斑羚、白腹锦鸡、红腹角雉、白鹤等珍稀濒危的国家一、二类保护动物,生长着虫草、天麻、五味子、五加、杜仲等珍贵药材。啦井镇还是兰酒的故乡,五味红和马道子酒以独有的口感畅销省内外。

3. 啦井镇林业扶贫情况小结

(1) 啦井镇贫困情况简介

全镇9个村中8个被确定为贫困村。2018年计划任务出列挂登、期井、富和、九龙、新建、长涧等6个贫困村,但因受到易地搬迁规模外人口影响,未搬迁入住的贫困户不能正常退出,新建、长涧、富和、挂登、期井等5个村贫困发生率无法控制在3%以内(注:新建为6.16%、长涧为5.69%、富和为5.89%、挂登为8.06%、期井村为6.71%)。目前,仅有九龙可在2018年底正常出列。

(2) 落实"生态补偿脱贫一批"要求。一是认真实施退耕还林工程和公益林补偿机制。啦井镇第一轮退耕还林13290亩,每亩每年补助 125 元。第二轮退耕还林 18000 亩，其中（2014 年度 10000 亩，2015 年度 8000 亩），第一、第二年每方每年补助 500 元、第三年每方每年补助 300 元、第五年每方每年补助 400 元。国家级公益林 215598 亩，每亩每年补助 10 元。省级公益林 12187 亩，每亩每年补助 10 元。二是从建档立卡贫困户中聘用生态护林员。啦井镇共聘用 361 人（2016 年前聘用 166 人，2017 年增聘 142 人，2018 年继续增聘 57 人，月工资 700 元）。通过落实"生态补偿脱贫一批"，保证了更多建档立卡贫困人口有持续稳定的收入来源。

（3）积极培植特色产业。2017 年在长涧、布场、新建 3 个村实施了 1500 亩金银花种植基地。其中，长涧村实施 1290 亩达到建档立卡贫困户全覆盖，群众收益和反映良好。2018 年继续扩大金银花种植面积约 600 亩（长涧村 200 亩、啦井村 180 亩，补植补种约 210 亩）。金银花产业覆盖带动建档立卡贫困户。

金银花种植基地

（4）做好产业发展规划。结合资源实际，啦井镇积极培植其他林业产业，在 2018 年的"路线图"中，实施羊肚菌 100 亩、特色蔬菜1600亩、花椒种植0.8262万亩、种植漆树0.0252万亩、山胡椒0.0458万亩、特色水果0.02万亩、特色中药材0.175万亩,核桃提质增效0.6万亩。力求落实好"发展产业脱贫一批",使贫困群众在一定规模的产业支撑下,拓宽增收渠道,持续增收、稳定脱贫。

（5）积极争取东西部扶贫帮扶支持。一是结合珠海和三峡集团定点帮扶,2017年、2018年共向珠海转移劳动力53人、向三峡集团转移劳动力29人。二是特色林下经济试点帮扶。2017年珠海投资44万元,在啦井镇九龙村"试点羊肚菌种植"32.9亩,带动建档立卡贫困户28户104人。2018年,继续扶持九龙村羊肚菌种植60万元,再扩种16亩,带动建档立卡贫困户60户236人。投资125万元,种植五味子682亩,带动建档立卡贫困户125户,每户收益2500元。投资100万元,帮扶金银花示范园建设,三年建成200亩,并返回贫困户经营、管理。